Napoléon le néfaste

GEORGES BREZOL et ALPHONSE CROZIÈRE

Napoléon le néfaste

ÉDITIONS NILSSON
7, RUE DE LILLE, 7
PARIS

I

Le coup d'État du 2 décembre 1851. — Ce que chacun reçut pour conspirer. — Ce que fut achetée l'armée.

L'Europe disait en parlant de Napoléon Ier : « Il a fait trop de bien pour qu'on en dise du mal, mais trop de mal pour qu'on en dise du bien. » On pourrait, en France, appliquer ces mots à Napoléon III. Si, comme disent les contemporains de ce souverain, les affaires ont connu à cette époque une ère de prospérité, cette prospérité, en revanche, s'est doublée d'un revers particulièrement désastreux pour la France. Les milliards dépensés par le grand Napoléon ont été le prix d'une gloire inoubliable, mais nous aurons de la peine à oublier ceux que nous a valus Napoléon le petit, en plus de notre sang, de deux provinces et de notre prestige.

Nommé président de la République, Louis-Napoléon profita de sa haute situation et se fit un tremplin de l'impopularité de l'Assemblée qui avait mutilé le suffrage universel. Celle-ci étant devenue suspecte au peuple et à l'armée, Louis-Napoléon s'efforça de ramener à son profit cette confiance perdue par un projet de loi rétablissant le suffrage universel.

Le 1er décembre, à la sortie de la séance de la Chambre, le général Saint-Arnaud, ministre de la Guerre et conspirateur, se rendit à l'Élysée, où il se trouva avec M. de Maupas, préfet de police tout dévoué à Louis-Napoléon, et M. de Morny, qui allait devenir le chef de la conspiration.

Ce fut dans le cabinet du Prince Président, et de concert avec celui que la République avait élevé à la première magistrature du pays, que ces hommes prirent leurs dernières dispositions.

En sortant de l'Élysée, M. de Maupas avait

la liste des suspects. Lorsqu'il arriva à la préfecture, il fit mander tous les agents. Chacun eut un député à surveiller. L'agent avait ordre de fournir, sur chaque personnage dont il assumait la surveillance, un rapport très détaillé relatif à l'emploi de son temps. Tous les rapports, réunis à la préfecture, étaient portés le lendemain au président de la République.

On ne conspirait pas qu'à l'Élysée. Un certain nombre de députés et de personnages ralliés aux d'Orléans, ayant à leur tête Baze, s'assuraient la complicité d'officiers de la garde nationale et tenaient à la mairie du Xe arrondissement des réunions ayant pour but de créer un gouvernement orléaniste. Eux aussi dressaient des listes de suspects. De quelque côté qu'elle se tournât, la République avait devant elle des étrangleurs.

Le 1er décembre, Louis-Napoléon fut prévenu que les partis s'entendaient pour l'enfermer à Vincennes et proclamer sa déchéance. Il se préparait pour une grande soirée musicale à laquelle était invité tout ce que Paris comptait de plus illustre dans la magistrature, la politique et les arts.

Pendant que le Président s'habillait, un député

légitimiste, M. de Kerdrel, se fit introduire près de lui :

— Citoyen Président, fit l'envoyé des Bourbons, je viens vous prévenir que Paris prépare une grande révolution. Le parti orléaniste veut prononcer votre déchéance. Que dois-je répondre à mes amis politiques qui m'ont délégué près de vous ?

— Dites-leur, fit Louis-Napoléon avec un sourire, que le Président les remercie de le prévenir et qu'il leur donnera demain une réponse. Vous ajouterez que, ce soir, le chef de l'État se doit aux gens qui lui font l'honneur d'assister à sa soirée.

La soirée en question eut lieu avec beaucoup d'éclat. Elle se termina à minuit.

Un ministre, M. Casabianca, qui s'était égaré dans le cabinet où se trouvaient en évidence les plans de la conspiration, fut surpris par M. de Maupas. On exigea de l'indiscret qu'il mît son nom au bas des proclamations. Comme il s'y refusait, il fut arrêté immédiatement et enfermé jusqu'au lendemain dans une pièce de l'Élysée.

A une heure du matin, Louis-Napoléon, Saint-Arnaud, de Maupas, le général Magnan et le duc de Morny (1), lequel revenait de l'Opéra, prirent place autour d'une table dans le cabinet du futur dictateur.

Près d'eux, dans une pièce contiguë, se tenaient MM. de Persigny, de Béville, Edgard Ney et un agent politique, Griscelli de Vezzani.

Le Président expliqua son plan, ainsi que les mesures générales qui devaient en assurer la réussite. Alors le général Magnan, qu'on avait placé à la tête des troupes, se leva, prit son chapeau et s'écria :

— Messieurs, je ne veux *rien savoir* pour entrer dans le complot. J'ai pour chef hiérarchique le général de Saint-Arnaud ici présent. Je ne veux obéir qu'à lui seul.

Sur ces mots, le général se retira, laissant l'assemblée perplexe.

Ce refus énergique d'obéir à la collectivité avait troublé fort ces messieurs.

Immédiatement l'agent Griscelli reçut l'ordre de suivre le général Magnan, devenu tout d'un

(1) On cite ce mot du duc de Morny, qui, rencontrant à l'Opéra une femme d'esprit, laquelle lui avait dit : « On va balayer messieurs les députés, » répliqua : « C'est vrai, mais j'ai retenu ma place du côté du manche. »

coup suspect, jusqu'à son domicile et de l'empêcher par tous les moyens d'en sortir.

M. de Béville, appelé à son tour, fut mis en possession d'un ordre par lequel un bataillon de la garde républicaine devait être mis à sa disposition pour aller cerner l'Imprimerie Nationale et empêcher qu'aucun ouvrier n'en sortît, car l'impression des décrets et proclamations devenait de toute urgence.

Lorsque ces dernières précautions furent prises, le citoyen Président sortit d'un coffre-fort quatre paquets, qu'il distribua aux conjurés. Le premier fut remis au duc de Morny. Il contenait une somme de 500.000 francs et la nomination au poste de ministre de l'Intérieur.

Le deuxième paquet, contenant une somme égale, fut donné à M. de Maupas, le préfet de police. Il renfermait en outre une liste des représentants, généraux, publicistes et chefs de partis qu'on devait arrêter, au nombre desquels se trouvaient : Bedeau, le général Changarnier, Lamoricière, Cavaignac, Le Flô, Charras, Thiers, etc.

Le troisième paquet — et c'était le plus volumineux — contenait la jolie somme de deux millions ainsi que des instructions pour l'employer d'une manière équitable.

Pour ses services personnels, de Saint-Arnaud recevait ainsi que ses compères la somme de 500.000 francs.

Le reste du magot, soit 1.500.000 francs, devait être distribué de la manière suivante :

Aux généraux de division. . .	10.000	francs.
— — de brigade. . .	6.000	—
Aux colonels.	2.000	—
— chefs de bataillon. . . .	500	—
— capitaines	100	—
— lieutenants	50	—
— sous-lieutenants	30	—
— sous-officiers	15	—
— caporaux et tambours . .	10	—
— soldats	5	—

Cette liste, qui, à première vue, paraît mal établie, est au contraire un petit chef-d'œuvre de diplomatie. Il est évident que la somme touchée par les officiers subalternes, presque tous gens fortunés, est bien minime comparativement à celle des sous-officiers, des caporaux et des soldats, mais le contentement de ces derniers, pour lesquels un demi-louis et une pièce de cent sous ont un irrésistible attrait, devait avoir pour résultat une publicité avantageuse qui n'était pas négligeable.

Quant aux commissaires et aux agents secrets, on avait décidé de les récompenser proportionnellement aux services rendus. Enfin une somme de 100.000 francs devait être répartie entre les aides de camp, les employés et les serviteurs.

Toutes ces sommes si généreusement allouées provenaient des cinquante millions que Louis-Napoléon s'était fait avancer par la Banque de France. Les régents de cet établissement y avaient consenti en échange du droit qui leur avait été accordé d'augmenter leur capital de 600 millions.

Cette conférence se termina à deux heures. M. de Morny, escorté par un bataillon de chasseurs à pieds, se rendit au ministère de l'Intérieur, où il prit possession de son nouveau poste. Quant à M. Persigny, il se rendit à l'École militaire et en sortit suivi par un régiment de ligne, qui vint se poster aux abords du Palais-Bourbon avec la consigne de n'y laisser pénétrer aucun représentant du peuple.

Paris s'éveilla en état de siège. Les murs étaient bariolés de décrets et de proclamations, devant lesquels de nombreux groupes de gens matinals s'arrêtaient ébaubis. L'Assemblée constituante était dissoute. Tous les pouvoirs étaient passés aux mains de Louis-Napoléon. Telle fut l'aube du nouvel empire. Les naïfs seuls, et ils étaient nombreux, crurent aux sentiments républicains, aux sentiments intègres de ce président qui, par prudence, ne dépouillait pas d'un seul coup son gouvernement du titre de République française. Il fallait bien opérer d'une manière progressive.

Au petit jour, les députés suspects furent arrêtés et écroués. Telle était la réponse du Pouvoir exécutif aux amis de M. de Kerdrel.

Tous les journaux furent suspendus et les imprimeries des feuilles républicaines saccagées.

Et comme les événements les plus graves ont leur côté grotesque, le prince Napoléon, sortant le soir de l'Élysée pour une promenade en voiture à travers sa capitale, fut accueilli partout aux cris de : Vive la République ! Il a dû bien rire.

Cependant, de bons républicains, qui ne se laissaient pas prendre à de tels artifices, s'émurent. Un mouvement insurrectionnel se dessina, à la tête duquel se placèrent Victor Huguo, Carnot, Jules Favre, Madier de Montjau, Schoelcher, etc. On chercha à ouvrir les yeux au peuple des faubourgs. Dans la nuit du 2 au 3, des barricades s'élevaient dans les faubourgs Saint-Antoine, Saint-Denis, Saint-Martin, etc. Le 3, elles furent enlevées par la troupe ; le 4, elles se reformèrent plus nombreuses.

Tandis qu'on s'égorgeait dans les rues, à l'Élysée des chevaux étaient sellés et attelés. Ce qui restait des cinquante millions pris à la banque était gardé à vue par un général, et prêt à passer à l'étranger avec son nouveau propriétaire dans le cas où les événements prendraient une mauvaise tournure.

Cependant Louis-Napoléon, qui brûlait force cigares dans son cabinet, attendait avec une certaine confiance les nouvelles de l'extérieur.

Si, par hasard, quelque officier d'état-major venait l'informer que la résistance devenait de plus en plus acharnée, il répondait nerveusement :

— Qu'on exécute mes ordres !

Dans un mouvement d'exaspération, il poussa même l'inconscience jusqu'à s'écrier :

— Que m'importe... qu'on brûle la capitale!

Cependant 7.439.216 voix lui donnèrent raison. Ses actes furent approuvés par le suffrage universel. O suffrage universel, voilà bien de tes coups !

Bientôt, enhardi par son succès, ce grand protecteur de la République rêvée quittait le modeste appareil de président pour la couronne, la main de justice, l'uniforme de général et le manteau d'hermine parsemé d'abeilles d'or.

II

Une maîtresse de Napoléon III : Mlle Howard.

Dernièrement plusieurs journaux ont publié l'écho suivant :

On a beaucoup oublié miss Howard, qui fut la maîtresse de Napoléon III. Miss Howard, de son vrai nom Elisabeth-Anne Hargett, était très lancée dans la société londonienne au moment où Louis-Napoléon se trouvait en Angleterre. Miss Howard mit sa bourse à la disposition du prétendant et l'aida dans ses projets.

Lorsqu'il devint président de la République Française, elle le suivit en France et s'installa à Saint-Cloud, vivant avec lui en qualité de maîtresse officielle. Quand l'Empereur épousa Mlle de Montijo, miss Howard vit ses espoirs d'être impératrice déçus et en conçut quelque ressentiment. Napoléon la calma en la faisant comtesse de Beauregard, en lui offrant un palais à Versailles et une somme de 6 millions. Son fils fut fait comte de Becheret, et l'opinion générale attribuait la paternité de cet enfant à l'Empereur.

Or, la succession de miss Howard, comtesse de Beauregard, occupe à cette heure les tribunaux de Londres Son fils, le comte de Becheret, est mort au mois d'août, et il laisse trois millions et demi, que ses héritiers se disputent vaillamment. C'est l'argent de Napoléon qui s'agite.

Cet écho arrive à l'appui de ce récit, qui n'est pas dépourvu de romanesque, sur les amours de Louis-Napoléon avec l'Anglaise en question.

La scène se passe à Londres, un soir de brouillard.

Un homme d'une taille moyenne, très court de jambes, le visage pâle, les yeux petits, des moustaches longues et en pointe, boutonné jusqu'au cou et portant à la main une canne plombée, se promène avec une certaine nervosité dans Hay-Market.

Cet homme est sans doute en quête d'une bonne fortune. S'il en est ainsi, son étoile ne va pas tarder à le satisfaire.

Son allure bizarre doit le faire prendre, par les passants qui le croisent, pour un agent de police étranger.

Soudain une lady fort élégamment vêtue sort d'une maison. Notre héros a failli être renversé par l'ample crinoline de la dame. Elle se retourne pour s'excuser près de ce mystérieux passant, qui reste charmé de son sourire et qui lui répond :

— Oh! madame, seule, si tard et par un si mauvais temps?...

La dame n'est pas farouche. Elle réplique avec affabilité à la question de l'étranger. Une conversation s'engage. Tous deux passent Leicester square, Prince Street, Dike Street et Charlotte Street. Enfin la dame s'arrête devant le numéro 277 d'Oxford Street. Elle sonne et pénètre dans la maison. Elle y est suivie par son compagnon de route qui s'est permis cette liberté sans aucune invitation préalable.

La dame en paraît fort surprise.

S'imaginant soudain qu'elle a affaire à un

policeman complaisant, elle tire sa bourse et offre deux shillings à notre homme.

— Madame, de l'argent à moi ! se récrie le suiveur humilié.

— Mais qui êtes-vous donc ? demande cette femme généreuse.

— Je suis le prince Louis-Napoléon.

— Il faut croire que ce nom ronflant produisit une impression énorme sur l'esprit de l'Anglaise, car bientôt elle succombait au charme du futur dictateur et devenait sa maîtresse.

Séduite par la parole et les projets du conspirateur de Strasbourg et de Boulogne, l'évadé du fort de Ham, elle mettait quelque temps après une partie de sa fortune à sa disposition. C'est avec de l'or anglais que le neveu du vainqueur d'Austerlitz, le fils de Hortense de Beauharnais, qu'on disait né des amours de celle-ci avec un amiral hollandais nommé Verknell, se mit en campagne.

Quelques jours après la révolution de février, il se présenta au gouvernement provisoire et demanda à servir la République.

Ayant été élu député, puis président de la République par 7 millions de suffrages, il ne voulut pas s'arrêter en si bon chemin, on l'a vu au chapitre précédent.

Alors qu'il était président, il fit venir miss Howard à Paris et, afin de l'avoir toujours sous la main, il lui loua un hôtel rue du Cirque 14.

Miss Howard, qui avait versé huit millions à son amant au moment de son élection, se considéra d'avance comme étant la future impératrice, honneur qu'elle croyait avoir payé assez cher. Mais Napoléon ne l'entendait pas ainsi. La reconnaissance n'a jamais étouffé celui qui trichait très adroitement au lansquenet dans les tripots de Tam-Tall, celui dont on a dit : « Quand il parle, il ment; quand il se tait, il conspire. »

Un beau jour, Napoléon envoya miss Howard au Havre en compagnie de Mocquard, son chef de cabinet, et ce fut en l'absence de celle qu'il avait mise ainsi à l'écart, qu'il épousa Mlle de Montijo.

On dit que miss Howard, après avoir lu dans un journal la cérémonie du mariage, quitta précipitamment l'hôtel Frascati où elle attendait son cher amant, fit chauffer pour elle seule une locomotive et arriva à Paris.

Quel ne fut pas son étonnement, lorsqu'elle

pénétra dans son hôtel de la rue du Cirque, de voir que les meubles étaient éventrés ou fracturés. Papiers, billets, lettres et contrats : tout avait disparu.

Miss Howard se laissa aller devant M. Piétri, qu'elle avait fait mander aussitôt et qui arriva avec quelques-uns de ses agents, à une violente diatribe contre Napoléon, qu'elle traita d'assassin, d'escroc et de voleur.

Il fallait à toute force calmer la fureur de l'Anglaise outragée. La faire assassiner eût été une mauvaise tactique. Napoléon lui envoya Fould, le célèbre financier, et Fleury, qui la calmèrent en lui annonçant qu'elle pourrait s'appeler désormais comtesse de Beauregard. Ils lui remirent en même temps les titres de propriété d'une terre portant ce nom à Versailles.

Résignée à tout, la nouvelle comtesse prit le parti de se faire oublier pendant quelque temps. Elle s'en alla pleurer à Florence (où elle se fit bâtir un palais somptueux) ses espoirs déçus. Là, elle finit par se marier avec un personnage qui lui fit payer très cher ses souvenirs de jeunesse.

Prise de la nostalgie de la capitale, elle voulut revoir Paris en 1865.

Tous les jours, au moment où Napoléon et l'Impératrice sortaient des Tuileries, miss Howard se montrait dans une toilette superbe et avec un attelage qui surpassait de beaucoup les plus élégants de l'époque. Elle s'amusait à conduire ses chevaux elle-même, et s'arrangeait de façon à côtoyer l'équipage impérial.

Quelques jours après une représentation aux Italiens, représentation au cours de laquelle miss Howard, couverte de diamants, se fit un malin plaisir de lorgner avec insistance la femme qui lui avait ravi son *Poléon*, la maîtresse délaissée de l'Empereur disparut soudainement. Les bruits les plus fâcheux coururent à ce sujet. On dit que miss Howard mourut étranglée. Le coup dut être fait très habilement, car jamais ce mystère ne fut éclairci.

Telle est l'histoire de la femme à laquelle Napoléon III a dû son inexplicable fortune.

Pour terminer, il est bon de dire que les fortes sommes touchées par miss Howard ressemblent à un remboursement. C'était là une dette à gros intérêts contractée par l'Empereur envers son ancienne maîtresse.

Voici, à titre de renseignements, la teneur de

quelques pièces trouvées au palais des Tuileries.

Reçu de la comtesse de Beauregard en date du 25 mars 1853.

Je reconnais, par la présente, avoir reçu de S. M. l'empereur Napoléon III la somme de 1 million de francs en plein acquit et décharge complète de tous mes droits et intérêts dans le domaine de Civeta-Nova dans la marche d'Ancône (États du Pape).

E.-H. de Beauregard.

Lettre de la même, en date du 31 janvier 1854 :

Monsieur Mocquard,

Je reconnais avoir reçu jusqu'au 1er janvier 1854 la somme de 50.000 francs que je vous ai chargé de toucher par mois.

E.-H. de Beauregard.

P.-S. — Le payement des 50.000 francs a commencé au 1er juin 1853. Les trois premiers ont été faits par M. Gilles.

Notes des sommes payées par l'Empereur à miss Howard, depuis le 24 mars 1853 jusqu'au 1er janvier 1855.

1er janvier 1855, payement de 58.000 francs.

J'avais promis trois millions plus les frais d'arrangement de Beauregard que j'évaluais tout au plus à 500.000 francs.

J'ai donné :

1.000.000	francs,	le 24 mars 1853 suivant reçu.
1.500.000	—	le 31 janvier 1854.
1.415.000	—	de rente sur l'État.
585.000	—	en payement de 50.000 francs par mois à partir du 1er janvier 1855.
950.000	—	en payement de 50.000 francs à partir du 1er janvier 1853 jusqu'au 1er janvier 1855.

5.449.000 francs.

Lettre de miss Howard.

Château de Beauregard, 28 juillet 1855.

Mon cher ami,

Nous sommes aujourd'hui le 24 juillet et je vois avec peine que les engagements pris envers moi ne sont pas accomplis ; en fait j'ai cru et je crois encore que c'est une erreur ; pourquoi me faire souffrir ?

Si les choses doivent être ainsi, j'aurais mieux fait de garder les six millions au lieu de trois millions 50.000 francs qui devaient sur ma demande être payés au bout de l'année 1853, et c'était pour cela que j'ai prié l'Empereur de *déchirer* la première somme (2.500.000 fr.). Le cœur me saigne d'écrire ceci, et si mon contrat de mariage n'était pas fait comme il est, et si je n'avais pas un enfant, je ne ferais cette démarche qui est devenue un devoir. Je compte sur vous pour faire fin à tant de souffrance. Le cœur de l'Empereur est trop bon pour laisser une femme qu'il a *tant aimée tendrement* dans une fausse position, et il ne voudrait pas l'être lui-même. Vous savez ma position, vous êtes mon tuteur et c'est à double titre que je m'adresse à vous. Je me suis trompée l'autre jour en écrivant à Sa Majesté. Par une de ses lettres il dit : « Je donnerai à Gilles demain papier pour les trois millions cinq cent mille francs. Alors *il ne rien faire* que de calculer de 50.000 depuis le 1er juin 1853 la rente et 50.000 depuis janvier jusqu'à octobre. Je prie Dieu *qu'il n'en soit* plus question d'argent entre moi et lui que *à toute autre* sentiment dans mon cœur. Je vous embrasse tendrement et vous aime de même.

Votre affectionnée,

E.-H. DE BEAUREGARD.

P.-S. — Je vous en conjure, *ne laissez pas cette lettre* : Vous pouvez en faire lecture à Sa Majesté si vous le jugez convenable et brûlez-la aussitôt après.

J'ai vu Mme Mocquard lundi à 4 heures, elle était souffrante l'autre jour.

. . . .

A son voyage officiel en Angleterre, au début de son règne, l'Empereur s'écria :

— En revoyant ce pays où j'ai vécu pauvre, d'où je suis parti pour faire fortune, je me suis rappelé l'histoire du bonhomme qui, arrivé à Paris en sabots, s'en revient dans le village où il est né, et se repose dans la masure qui a abrité son ancienne indigence.

Il est probable qu'en prononçant ces paroles l'Empereur dut penser à miss Howard, cette providence des mauvais jours, et au foin dont elle garnit copieusement lesdits sabots.

III

Tentatives d'assassinat avortées. — Un mot sur Orsini.

Un jour Napoléon reçut une dépêche chiffrée de S. Ex. M. Walewski, ambassadeur à Londres. Elle était ainsi conçue :

Kelche, ex-officier, évadé de Lambessa, à la solde de Ledru-Rollin et Mazzini, est parti hier pour Paris avec des intentions criminelles.

L'Empereur fit mander aussitôt Piétri, lui donna connaissance de la dépêche et lui dit :

— Il me faut un homme dévoué, énergique et intelligent.

Piétri mit le soir même un de ses amis et

agents, le nommé Griscelli, à sa disposition. C'était à l'Opéra. Napoléon reçut l'agent dans sa loge :

— Vous savez, lui dit-il, qu'un certain Kelche arrive à Paris pour attenter à mes jours. Il faut trouver cet homme et, quand vous l'aurez trouvé, me le montrer.

Aussitôt, l'agent se mit en campagne. Il se procura le signalement de Kelche et apprit que le père de l'officier habitait 72 rue de Ménilmontant.

Le lendemain à six heures du matin Griscelli faisait les cent pas devant l'habitation de Kelche père. Bientôt un homme en sortit répondant au signalement donné de l'officier suspect.

A partir de ce moment, l'agent accompagna le souverain dans ses promenades au bois de Boulogne, et aperçut souvent Kelche à cheval sur un superbe alezan.

L'Empereur, prévenu à demi mot, put voir celui qui en voulait à sa vie, mais pria qu'on n'arrêtât pas cet homme avant qu'il en eût donné l'ordre.

Quinze jours s'écoulèrent. Un après-midi vers trois heures, l'Empereur à cheval, accompagné du général Fleury et du comte Lagrange, avait gagné l'Arc de Triomphe par les Champs-Élysées lorsque Kelche parut soudain et vint se jeter entre Sa Majesté et ses écuyers, ces derniers reçurent l'ordre de se rapprocher de l'Empereur pour ne laisser aucun intervalle. Napoléon, prévenu du danger, prit le galop. Alors commença un *steeple-chase* en règle : les allées du bois étaient parcourues au triple galop.

Jamais Kelche ne s'aperçut qu'il était surveillé de près, et pourtant, depuis quinze jours, l'agent Griscelli, qui changeait chaque matin d'accoutrement et de cheval, ne l'avait jamais perdu de vue.

Napoléon, qui ne doutait plus des véritables desseins de Kelche, prit peur et, en revenant aux Tuileries, il donna l'ordre à Piétri de faire arrêter immédiatement Kelche. On mit à cet effet quarante agents à la disposition de Griscelli, lequel répondit que deux hommes suffisaient. Connaissant le restaurant où l'officier prenait ordinairement ses repas, il se rendit à l'établissement en question et y attendit l'arrivée de Kelche.

Vers neuf heures, comme celui-ci entrait, Griscelli se précipita vers lui et, le saisissant au collet, il lui dit :

— Au nom de la loi, je vous arrête.

Aussitôt Kelche s'échappa des mains du policier, traversa un corridor et sauta par une fenêtre. Il fut bientôt devant un mur où se trouvait une porte. Kelche chercha à l'enfoncer, mais elle résista au fuyard, qui, se voyant pris, tira un pistolet et mit Griscelli en joue. Ce dernier en fit autant. Deux coups de feu partirent presque en même temps. Seul Kelche tomba. La balle lui était entrée dans l'œil droit et était allée se loger derrière l'oreille gauche.

Telle est l'histoire du premier attentat contre la vie de l'Empereur.

Une seconde fois, Napoléon faillit trouver la mort dans des conditions romanesques et ne dut la vie qu'au flair du même agent, qu'il s'était définitivement attaché et qui le suivait même dans ses équipées amoureuses.

C'était à l'hôtel Beauvau, où l'Empereur était appelé par sa grande passion pour une Italienne d'une beauté extraordinaire, la duchesse de Castiglione.

Le roi montait un escalier, il était accompagné de Fleury et suivi de loin par Griscelli.

Bientôt, sur un palier, une porte fut ouverte

par une servante. L'Empereur et le général entrèrent dans un salon.

La servante, n'ayant pas remarqué le policier qui restait dissimulé en quelque endroit d'où il pouvait tout voir sans être vu, revint aussitôt sur le palier et frappa trois fois dans ses mains.

Tout à coup un homme parut et se dirigea vers l'appartement. Mais à peine était-il arrivé à la porte du salon qu'il tombait, le cœur percé d'un coup de poignard.

Au bruit d'une chute et aux cris de la servante, Fleury apparut. Griscelli se précipita vers le général, lui expliqua tout ce qu'il venait de voir, se confessant du parti qu'il avait dû prendre en comprenant le danger que courait la vie de l'Empereur.

Fleury rentra, appela l'Empereur, puis enferma la belle Italienne dans sa chambre tandis que le policier s'occupait de la servante qui s'était évanouie.

L'Empereur et le général avaient quitté précipitamment l'hôtel. Fleury avait donné l'ordre à Griscelli de l'attendre. Une demi-heure après, une voiture arrivait, dans laquelle on mit le mort ainsi que la servante. Puis Griscelli reçut bientôt l'ordre de se rendre aux Tuileries où l'Empereur l'attendait, pour avoir quelques explications précises au sujet de cette affaire.

— Encore du sang, fit Sa Majesté non sans quelque nervosité, en voyant apparaître celui qui venait de lui sauver la vie. Qui nous dit que cet homme n'était pas un amoureux de la servante?

— Les amoureux des servantes, sire, répondit Griscelli, ne portent pas de semblables joujoux.

Et il jeta sur la table un pistolet ainsi qu'un poignard.

Puis il ajouta d'un air sombre :

— Ils ne cherchent pas à entrer dans les salons à la suite des empereurs quand leurs maîtresses sont sur le palier.

Napoléon examina les armes et crut constater que le poignard était empoisonné.

Il ordonna que le plus grand silence fût fait au sujet de ce mystère.

Cependant Fleury était retourné place Beauvau avec ordre de s'emparer de la duchesse de Castiglione et de la faire reconduire à la frontière d'Italie.

L'Italienne se rendit à Milan chez le comte Arèse, lui dévoila tout et déclara que, si elle ne rentrait pas à Paris, elle publierait en un pamphlet les détails de cette sensationnelle affaire et prouverait qu'elle n'avait rien de commun avec l'homme qu'on avait assassiné.

Quelques jours après, les journaux de Paris annonçaient que la belle duchesse avait donné à l'hôtel Beauvau une fête où toutes les notabilités de Paris étaient invitées.

Disons en passant que le mari de la duchesse était intendant des menus plaisirs de Victor-Emmanuel et qu'il dirigeait avec succès le parc aux cerfs de Sa Majesté Piémontaise.

Quant à Orsini, on a dit de lui qu'il était l'exécuteur des hautes œuvres d'une loge maçonnique d'Italie. Or, aux yeux de bien des gens renseignés, il ne fut qu'un piètre conspirateur et un vulgaire assassin. Il était venu à Paris pour y assassiner Napoléon ; il se contenta d'acheter un cheval et, comme Kelche, de se promener tous les jours côte à côte avec le chef de l'État. Il fit fabriquer des bombes et s'assura la complicité de deux de ses compatriotes malheureux pour les jeter dans la foule.

Le soir du crime, il se contenta d'y assister en amateur. Dès que ses complices eurent provoqué la mort et la désolation autour des voitures impériales, Orsini s'en alla chez lui et se coucha tranquillement tout comme un bon petit bourgeois.

Arrêté dans son lit, il se fit espion en dénonçant tous les gens de son parti.

Tel est le héros de cette catastrophe dont on a publié les mémoires, pour lequel on a ouvert des souscriptions et dont on a fait un martyr de la liberté.

IV

Comment on tuait les gens soupçonnés d'en vouloir à la vie de l'Empereur. — Agents provocateurs.

Rien n'était bon pour les policiers de Sa Majesté que de découvrir un soi-disant complot ou de désigner quelque personnage dont on découvrait les intentions criminelles.

C'était de l'avancement pour les agents, la décoration et une indemnité. Aussi beaucoup d'entre eux ont-ils un peu abusé de la situation en provoquant des paniques dont ils sortaient comblés d'honneur, au détriment des pauvres diables dont on étouffait les protestations véhémentes.

Tel fut, entre bien d'autres, le cas d'un malheureux nommé Pianori, natif de Parme, qui quitta son pays pour venir tenter la fortune à Paris. C'était un homme instruit mais faible. A son arrivée dans la capitale, il reçut d'abord l'hospitalité d'un de ses compatriotes, établi cordonnier rue Galande.

Pianori, ignorant le français, se trouva bientôt dans le dénûment le plus complet.

Ayant trouvé à se loger dans un hôtel, il y fit connaissance d'un agent provocateur, qui commença par le plaindre, lui donna ensuite de l'argent et le fit boire. Cet homme profitait de l'ivresse du malheureux pour l'exciter contre l'Empereur.

Il prit même un tel ascendant sur l'Italien que celui-ci n'aurait eu garde de désobéir à son bienfaiteur.

Le jour choisi pour l'attentat, Pianori, en état d'ivresse, fut conduit par l'agent aux Champs-Élysées, armé d'un revolver que l'autre lui avait mis entre les mains.

Il tira sans résultat trois coups sur Napoléon.

Il fut arrêté, jugé et condamné à mort.

Le jour de son exécution, les journaux annonçaient que l'agent Hébert était fait chevalier de la Légion d'honneur pour services exceptionnels.

Cet attentat avorté avait profité au moins à quelqu'un.

Dans maintes circonstances, les agents provocateurs montrèrent ce dont ils étaient capables. Un autre exemple va le prouver.

Lors de la guerre de Crimée, le plus grand calme régnait dans l'Empire français. Les partis avaient momentanément cessé de s'agiter, et c'est ce qui désolait la police. Elle conçut donc le projet de provoquer des troubles là où régnaient la paix, la concorde et le travail. Un agent du nom de Lagrange se fit agréer comme ouvrier dans la fabrique de René-Cail, quai de Billy; un autre, nommé Platot, entra dans une fabrique de chaises et fauteuils à la barrière de l'Étoile. Ces deux agents avaient pour consigne de faire de la politique aux heures des repas et d'exciter les ouvriers contre l'Empereur.

Tous les dimanches soirs après minuit, ils se rendaient à la préfecture afin d'y faire leur rapport. Ils y recevaient en outre de l'argent pour payer à boire à leurs camarades d'atelier, les faire jaser et provoquer leurs confidences. Mieux que cela, ils avaient ordre de correspondre avec eux afin de faire croire à un grand complot.

Quand les agents eurent suffisamment de signatures pour prouver que les partis conspiraient, ils donnèrent rendez-vous à ceux des partisans qu'ils avaient désignés comme étant les plus dangereux. Ce groupement eut lieu à l'Opéra-Comique un soir que Leurs Majestés Impériales devaient assister à la représentation.

Vers neuf heures, les arrestations commencèrent et, avant la fin du spectacle, cinquante-sept ouvriers, appartenant aux deux fabriques citées plus haut, étaient cueillis comme des goujons dans une nasse.

Naturellement, les agents Lagrange et Platot furent largement récompensés du rôle infâme qu'ils avaient joué en la circonstance. Le premier devint commissaire de police et fut nommé chevalier de la Légion d'honneur. Quant à l'autre, il obtint le poste de commissaire central à Orléans.

V

Ce que coûtent ces mots : « *Je vous aime* » murmurés à l'oreille de l'Impératrice. — Un suicide qui ressemble singulièrement à un assassinat.

Si l'Impératrice eut quelque coupable indulgence pour certains personnages, il n'en était pas de même pour d'autres.

Parmi les privilégiés, on pourrait citer le comte de Glaves.

Ce dernier, grand d'Espagne, fort riche, menait grand train à Paris. Il avait sa loge à l'Opéra et aux Italiens, et c'était un des membres les plus considérés du Jockey. La haute aristocratie se donnait rendez-vous chez lui. Il habitait alors rue de la Madeleine au numéro 20.

Mme de Montijo et la future impératrice avaient été des assidues de ses réceptions.

On assure même que la jeune duchesse de Théba y venait très souvent seule et qu'elle oubliait de s'en aller le soir.

Or, quelque temps après le mariage impérial, le noble Castillan, en dirigeant une de ses danses nationales aux Tuileries, tomba malheureusement et se fractura la jambe gauche. Aussitôt, l'Impératrice se précipita vers le blessé et lui fit préparer un appartement dans le palais. Là, M. de Glaves fut soigné avec tous les honneurs dus à sa qualité.

Une nuit, l'Empereur, s'étant rendu dans l'appartement de sa femme, constata que celle-ci était absente. En regagnant ses pénates, Napoléon eut la curiosité de passer devant la chambre du malade, d'où partaient de joyeux éclats de rire. Napoléon comprit.

Sa Majesté trouva probablement un peu excessif le soin que prenait son auguste épouse de leur malade, car, deux heures après, malgré son état, M. de Glaves était reconduit à la frontière où un agent de la sûreté lui signifiait que le territoire de l'Empire français lui était désormais interdit.

L'Impératrice ne goûtait pas non plus les plaisanteries même insignifiantes qu'on se permettait devant elle à l'égard d'un favori; la preuve en est dans l'anecdote suivante :

Un jour Edmond About, qu'on appelait alors le petit-fils de Voltaire, prenait part à une des réceptions de l'Impératrice. Il était assis à côté de Sa Majesté, qui semblait prendre un plaisir extrême au charme de sa conversation. Vint à passer un personnage de la cour qui avait la réputation d'un heureux mortel et que la souveraine considérait toujours d'un œil affectueux. A ce moment, la princesse et About étaient fort occupés l'un et l'autre, la première à écouter, le second à raconter une égrillarde histoire où il était question d'un âne et d'un bracelet. L'Impératrice cachait ses joues devenues rouges derrière son éventail.

Soudain About, voyant le personnage en question arrêté devant eux et cherchant à entendre, s'écria enjoué :

— Oh ! le vilain jaloux, qu'est-ce qu'il vient faire ici ?

Cette parole irrita fort l'Impératrice, qui y vit, soit une allusion à la faiblesse de son cœur, soit une parole blessante à l'égard de l'homme auquel elle accordait sa protection. Toujours est-il qu'elle se dressa hautaine, et comme, à ce moment, le maître d'hôtel ouvrait la porte de la salle à manger, elle lui lança d'une voix sèche :

— Qu'on retire le couvert de M. About. Il est obligé de nous quitter...

. . . .

Comme je le disais au début de ce chapitre, Sa Majesté avait ses têtes.

Or, parmi les personnages de la cour, il en était un, le prince Cammerata, qui s'était élevé d'une manière toute particulière contre la loi de sûreté générale élaborée à la suite de l'affaire Orsini. Ce jeune homme, fort bien de sa personne, était le héros de toutes les fêtes officielles. Son esprit, ses manières de gentilhomme, sa parenté avec Napoléon (il était le petit-fils d'Élisa Bonaparte) le faisaient aimer de tous. On recherchait sa société.

C'est au cours d'une de ces fêtes que le prince, ayant à son bras l'Impératrice, eut le malheur de dire à la souveraine : « Je vous aime. »

Cette parole imprudente fut entendue des dames d'honneur. Aussitôt l'Impératrice se dirigea vers l'Empereur et la lui rapporta.

Le soir même, le prince Cammerata était livré à un agent, qui reçut l'ordre de le conduire dans son appartement et qui lui fit sauter la cervelle d'un coup de pistolet.

Le lendemain, les journaux annonçaient le suicide du jeune conseiller d'État.

VI

Aux Tuileries. — La rage du spiritisme. — Notes sur l'Empereur et sa femme. — Napoléon mystificateur.

Jamais l'on ne fit plus tourner les tables que sous l'Empire. Tout le monde fut atteint de cette folie. On se livrait à ces pratiques aussi bien dans les plus modestes intérieurs que dans les palais.

La cour n'avait pas échappé à cette manie, qui devait, comme toute chose qui a cessé de plaire, disparaître brusquement de nos mœurs.

Les tables tournaient donc avec fureur aux Tuileries. Celle que l'Impératrice avait adoptée pour ses expériences s'appelait Joséphine, et la pauvre Joséphine devait en voir de cruelles sous les doigts toujours impatients de la souveraine et de ses dames d'honneur. Ce qu'elle annonçait n'était pas toujours d'un intérêt puissant. Cependant, elle mentait rarement lorsqu'elle annonçait que la fille aînée de la princesse était en pénitence.

Pour faire plaisir à sa femme, l'Empereur assistait quelquefois au martyre de Joséphine, dont tous les membres craquaient quand on la soumettait ainsi à la question, mais l'Empereur profitait de la pénombre qui enveloppait les expérimentatrices pour rôder autour des dames d'honneur et se griser des parfums différents qui se dégageaient de chacune d'elles.

Napoléon III était plutôt petit, il avait les épaules carrées et marchait toujours la tête inclinée. Son corps avait un léger balancement, et ses paupières retombaient alourdies sur ses yeux, voilant son regard. Il semblait toujours rêver et paraissait ne rien écouter de ce qui se disait autour de lui. Lorsqu'il interpellait l'Impératrice, il l'appelait *Ugénie*. Il était à ce point distrait qu'il prenait souvent une personne pour une autre et lui donnait un autre nom que le sien.

Quant à l'Impératrice, c'était une jolie femme, d'un visage très régulier, et dont les cheveux serrés et lisses se retournaient sur les tempes en bandeaux épais un peu enroulés, cachant la nuque et tombant assez bas dans le cou. Sa voix était brève, avec un accent étranger qui tenait plutôt de l'anglais que de l'espagnol. Il se dégageait de toute sa personne une odeur de femme rousse assez accentuée. Elle avait la douce manie de jouer au personnage officiel, se faisant apporter les dossiers concernant les audiences du jour et les compulsant avec un sérieux imperturbable. En d'autres temps, elle s'occupait à dresser un petit chien nommé Magnésia, pour lequel elle avait une passion immodérée. Ce petit chien était fort intéressant, il avait des talents de société qui faisaient la joie de sa maîtresse et de ses dames d'honneur. Il imitait à s'y méprendre le cri de certains animaux et se livrait à de désopilantes mimiques.

L'Impératrice donnait à sa voix une inflexion toute particulière en prononçant certains mots, et l'on voyait les lèvres se serrer autour d'elle lorsqu'elle disait, par exemple, d'un air emphatique : les marches du trône; les privilèges de la Couronne, les princes du sang.

Elle prenait comme une offense personnelle

toute raillerie ou toute critique qu'on se permettait à l'adresse d'une tête couronnée, quelle que fût la couleur de cette tête et même si la couronne n'était portée que par une blanchisseuse de mi-carême. Elle donnait le nom de toilette politique à une toilette officielle.

L'Impératrice aimait beaucoup les arts, le monde des artistes, des gens de lettres et de théâtre. Une fois par semaine, elle donnait des réceptions très animées et tenait table ouverte pour ses intimes. Là, les poètes célébraient son charme et son esprit, les peintres et les sculpteurs se remplissaient les yeux de son image, qu'ils ne se lassaient pas de reproduire.

Elle avait la manie d'écrire et de faire du style. Longtemps elle échangea une correspondance littéraire avec un critique célèbre.

Malheureusement, lorsque celui-ci mourut, les lettres de l'Impératrice tombèrent en de mauvaises mains. On parla de publier cette piètre littérature et on voulut faire chanter la princesse, qui se trouva dans l'obligation de racheter à prix d'or ses piteuses élucubrations.

Cependant, elle se piquait d'esprit. On lui attribuait des mots à l'emporte-pièce.

Le lendemain d'un bal travesti, une amie, qui s'excusait près d'elle de n'avoir pu y assister, lui demandait des détails sur la soirée. On passait en revue les travestissements.

— Et le colonel X..., demanda l'amie, en quoi était-il ?

Lors, l'Impératrice, qui ne pouvait sentir le colonel en question, qu'elle accusait de trop bien renseigner son mari sur ses faits et gestes, de répondre :

— En jésuite, ma chère, et cela lui allait à ravir.

Le mot fut rapporté à l'officier. Dans une soirée celui-ci se vengea en s'écriant, à propos du même bal :

— Un seul costume faisait tache, celui d'*Ugénie*. Elle était en femme du monde, en femme comme il faut, et vous savez que ce travestissement ne lui va pas du tout.

Ce propos revint aux oreilles de la princesse, qui prit le parti d'en rire, d'en rire jaune.

D'ailleurs, il fallait bien que l'Impératrice fût quelquefois punie de son esprit caustique, car il s'exerçait le plus souvent à l'égard de gens qu'elle avait tout intérêt à ménager. Et, la plupart du temps, elle les raillait en face et s'exposa ainsi à de cruels mécomptes car elle trouva souvent à qui parler.

Parfois des scènes conjugales éclataient entre Napoléon et son épouse et on parlait fort.

La souveraine reprochait à son mari ses liaisons, qu'elle estimait outrageuses pour elle. En effet, l'Empereur tombait facilement amoureux de jolies jambes, sans souci de la moralité de celle qui les portait.

Tandis que l'Impératrice jouait au loto avec ses dames, Napoléon — le patron, comme on l'appelait aux Tuileries — gagnait la cour du Carrousel, sautait dans un petit coupé noir et courait à quelque nouvelle conquête. C'est ainsi qu'entre autres commères, il s'amouracha d'une capricieuse cocodette qui faisait les beaux soirs de quelque petit théâtre à côté. Or, cette créature ne s'était-elle pas mis en tête d'aller visiter son impérial protecteur dans son palais. Comme elle était têtue, elle obtint cette grâce. Malheureusement, les choses tournèrent mal. Napoléon fut surpris par l'Impératrice au moment où, la main sous les jupes de la jolie fille, il lui chatouillait les mollets. Sur ce, tempête ! L'Empereur courba l'échine, brava l'orage, se bornant à répondre :

— Ugénie, tu vas trop loin, tu dépasses les bornes.

Enfin la fureur de l'Impératrice se calma, faisant place à une bienfaisante pluie de larmes.

La princesse parla d'entrer au couvent. Et le lendemain, elle quitta les Tuileries pour partir en Écosse, où elle demeura un peu plus d'un mois.

Une fois, dans un bal travesti, l'Impératrice fut vengée. L'Empereur, fort intrigué par les allées et venues d'un petit domino rose, et dissimulé lui-même sous un domino, était très excité. Entraîner le petit domino rose dans quelque endroit solitaire ne fut que l'affaire d'un instant. Quelle ne fut pas la stupéfaction de l'Empereur en constatant, après avoir découvert le visage du domino rose, qu'il avait affaire à un jeune noble aux allures efféminées, qui venait de le mystifier d'une façon magistrale.

L'Empereur mystifia à son tour son épouse, qu'il croyait complice du freluquet, de la façon suivante :

L'Impératrice désirait à toute force assister à la réception d'une ambassade étrangère, mais ce plaisir lui avait toujours été refusé.

Enfin, un jour, elle obtint de l'Empereur de

prendre part à une de ces cérémonies. Elle se rendit avec ses dames d'honneur dans la galerie d'Apollon, où se tenaient plusieurs personnages enveloppés de la tête aux pieds dans de longs vêtements en laine blanche. Une écharpe de gaze leur cachait à demi le visage. L'Impératrice se montra impressionnée par le maintien noble et pur de ces orientaux. Elle passa devant eux et leur donna sa main à baiser.

Soudain, du fond de la galerie partit un rire sonore. C'était l'Empereur qui s'annonçait lui-même. L'Impératrice resta interdite. A un signal de Napoléon, tous ces personnages, qui n'étaient autres que des intimes de la maison déguisés, prirent la fuite.

L'Impératrice tomba alors dans une crise de nerfs et ne se consola de cette mystification imaginée par son époux qu'en s'entendant raconter que Louis XIV avait été victime d'une semblable plaisanterie imaginée par Mme de Maintenon. Il s'agissait alors d'une fausse ambassade du roi de Siam. Et le grand roi, malgré tout son orgueil, s'en divertit fort.

VII

La manie des sobriquets. — Eugénie émule de Marie-Antoinette. — Une croustillante histoire de crinoline.

A la cour de Napoléon, toutes les dames d'honneur avaient un sobriquet par lequel on les désignait, indépendamment du nom de « caillettes » qui servait à nommer toutes celles qui approchaient l'Impératrice.

Elles devaient ce dernier nom à l'esprit d'à-propos d'un général qui les avait appelées d'abord canaillettes, ou petites canailles. Ce nouveau qualificatif ayant été trouvé un peu long, on le réduisit, d'où caillettes.

Tout comme dans les maisons closes, ces dames étaient désignées sous les noms les plus divers et du plus mauvais goût. On savait, pour quelques-unes seulement, ce qui leur valait leur sobriquet; pour quelques autres, ce fut toujours un mystère.

Une comtesse s'appelait, par exemple, Salopette, une princesse avait été affublée du doux nom de Cochonette, et une duchesse de celui de Gredinette.

Une grande dame, que des gens bien informés savaient avoir été quelque peu disgraciée par la nature (il lui manquait en effet une fesse), était surnommée l'Incomplète.

Une autre, maigre comme un clou et affligée d'une grosse tête, s'appelait Tête d'Épingle. Une petite femme menue était désignée sous le nom de Mouchette, ou petite mouche. Une femme sotte, sous celui de Carpette, ou petite carpe. Il y avait une Grenouillette, une Crapaudine, une Minette, etc. Que de surnoms encore qu'il serait scabreux de divulguer.

Ce petit jeu n'est donc pas nouveau. Il faisait encore fureur ces temps derniers lorsqu'il s'est agi de donner à certaines notabilités des Arts et du Théâtre des surnoms synthétiques. L'Impératrice elle-même, en femme d'esprit, devait prendre goût à ce passe-temps, comme elle prit goût à diverses fantaisies qui en faisaient une émule un peu pâle de Marie-Antoinette.

En effet, on raconte qu'il lui vint un jour à Fontainebleau l'idée de se costumer en paysanne et de courir à un bal champêtre en compagnie d'une dame d'honneur qui avait pris le même déguisement. Ce projet fut mis à exécution. On dit même qu'une rixe, à propos des deux jolies danseuses, fit découvrir le pot-aux-roses.

Le soir, l'Impératrice fut morigénée d'importance par son époux, auquel elle donna comme excuse que la reine Marie-Antoinette en avait fait bien d'autres...

D'ailleurs, tout ce qui avait touché de près ou de loin à Marie-Antoinette exerçait sur elle un puissant attrait. Elle fit rechercher et paya fort cher tout ce qui avait appartenu à l'infortunée reine, et forma ainsi une collection d'objets, les plus curieux comme les plus intimes, qu'elle mit en bonne place dans ses appartements privés des Tuileries.

Elle imitait surtout Marie-Antoinette dans ses

frivolités, et les flatteurs en arrivaient à jouer près d'elle à la cour de Louis XVI.

— Je voudrais être pour vous la princesse de Lamballe, lui disait un jour une grande dame.

Mais le souci de reconstitution chez l'Impératrice n'allait pas si loin.

En petite bourgeoise qu'elle était, l'Impératrice ne voyait pas toujours comme sa devancière, c'est-à-dire d'un bon œil, la galanterie s'étaler autour d'elle sans voile.

C'est ainsi qu'un jour, à Biarritz, elle se montra indignée du spectacle qui s'offrait à ses yeux.

C'était sur la plage, en un endroit retiré où elle avait égaré ses pas. Une dame de la cour était accroupie, et sa vaste jupe à crinoline servait de tente à un monsieur, qui n'avait rien trouvé de mieux que de disparaître à moitié sous cet abri improvisé pour allumer son cigare.

L'Impératrice rentra fort irritée, et la dame en question fut admonestée d'une belle façon pour sa complaisance.

VIII

L'Impératrice et la reine d'Espagne. — Une chicane. — Occupations de la souveraine. — Jeux de table. — Espiègleries du Prince Impérial.

La reine d'Espagne, Isabelle, ayant annoncé sa venue par voie diplomatique, la nouvelle de cette visite, qui avait pour but de resserrer plus étroitement les liens qui unissaient les deux États, fut accueillie à la cour avec beaucoup d'enthousiasme.

L'Impératrice ne dissimula pas sa satisfaction de recevoir, en qualité d'Impératrice, celle dont elle avait été l'humble sujette.

On communiqua à la cour d'Espagne le cérémonial arrêté par le Protocole. Malheureusement, un seul point, sur lequel on fut long à se mettre d'accord, faillit causer une rupture des relations diplomatiques entre les deux pays.

La reine d'Espagne, conseillée par son entourage, avait émis la prétention d'exiger que l'Impératrice des Français allât au-devant d'elle, c'est-à-dire descendît l'escalier de son palais pour la recevoir, alors que l'étiquette voulait que l'Impératrice Eugénie l'attendît en haut dudit escalier.

Il fallut tout le calme de l'Empereur pour l'apaiser. Napoléon, par l'intermédiaire de son ministre des Affaires étrangères, fit remarquer au gouvernement espagnol que l'Espagne, en sa qualité de puissance d'ordre secondaire, devait céder à la France.

De l'autre côté des Pyrénées, on apporta le même entêtement à ne rien vouloir entendre. On alla même jusqu'à insinuer que l'Impératrice Eugénie n'étant pas de sang royal devait en rabattre devant son ex-souveraine.

Il n'en aurait pas tant fallu sous le règne du grand Empereur pour déchaîner une guerre.

Il fut un moment question de prier la reine Isabelle de rester chez elle. Que serait-il résulté d'une semblable impertinence?

Cet incident donna lieu à maints pourparlers, à des échanges sans nombre de notes diplomatiques.

Les deux gouvernements étaient heureusement servis par des diplomates avisés, qui décidèrent chacune de ces dames à entrer dans la voie des concessions. Enfin, on conclut un arrangement par lequel les deux souveraines, l'une montant, l'autre descendant, se rencontreraient au milieu de l'escalier.

C'eût été, en effet, un spectacle cocasse de voir les deux femmes faisant chacune les premiers pas et s'observant réciproquement pour s'assurer que l'une ou l'autre ne trichait pas.

Malheureusement, cette scène qui promettait d'être amusante n'eut pas lieu. Le peuple espagnol ayant mis sa reine à la porte, Sa Majesté espagnole se réfugia en France en souveraine déchue. Il n'y eut ni escalier à descendre, ni escalier à monter lorsque l'Impératrice Eugénie vint présenter à la gare ses compliments de condoléance à la voisine qui avait cessé de plaire.

Ainsi se termina cette petite affaire.

L'Impératrice Eugénie n'eut plus besoin de s'occuper d'une « toilette politique » et se remit à colorier des images, ce qu'elle appelait ingénument faire de l'aquarelle.

Entre temps, elle s'occupait de l'éducation du Prince Impérial, petit démon espiègle qui mit, vis-à-vis de ses père et mère, des personnages de la cour en bien mauvaise posture.

Entre autres espiégleries, il en est une à l'actif de l'enfant dont on parla longtemps, car elle dépassait en cocasserie toutes celles dont il s'était rendu coupable. Le commandant D..., officier d'ordonnance de l'Empereur et qui est devenu dans la suite un de nos plus brillants amiraux, avait, entre autres talents de table, celui de lancer des boulettes de mie de pain avec une remarquable justesse.

Le Prince Impérial, qui adorait ce jeu, ouvrait la bouche toute grande, et pas une seule boulette lancée par l'officier de marine ne manquait son but.

Or, un jour, voilà qu'au milieu d'une partie de « boule-au-trou », le Prince Impérial baisse sournoisement la tête, et la malencontreuse boulette va frapper la joue de l'Empereur, qui se trouvait être précisément le voisin de table de son fils.

Tandis que l'imprudent gamin riait aux éclats, l'Empereur eut un froncement de sourcils qui rendit le commandant D... tout perplexe.

Soudain, on vit ce dernier se lever de table, tout rouge, et se diriger vers la porte.

Au moment de franchir celle-ci, le commandant s'entendit interpeller par l'Empereur, qui s'était mis à sourire :

— Où allez-vous donc, commandant ?

D... comprit que la colère de l'Empereur avait été de courte durée et, rasséréné, répondit d'un air faussement tragique :

— C'est bien simple, Sire, je vais me faire justice. J'ai tiré sur mon Empereur, je dois être fusillé. Je préfère me condamner moi-même.

— Tenez, fit l'Empereur en riant, cela ferait tant de bruit que j'aime mieux vous faire grâce !

Et D... reprit sa place au milieu des éclats de rire.

Mais, à partir de ce moment, D... s'abstint du petit jeu qui amusait tant le fils du monarque.

Une autre fois, le gamin avait reçu d'un gros

personnage un sac de bonbons. Il s'empressa d'ouvrir le sac et de croquer à belles dents les fondants qu'il contenait. L'Impératrice ayant surpris le petit bonhomme en flagrant délit de gourmandise, lui rappela la défense qu'elle lui avait faite de consommer tant de sucrerie. Puis, lui arrachant le sac des mains, elle le tendit à une de ses dames d'honneur.

Aussitôt une idée germa dans l'esprit du Prince Ayant repris le sac de bonbons, il se dirigea vers un cent-gardes qui montait la faction sur le palier de l'escalier, et le lui présenta.

Le soldat ne broncha pas. Esclave de sa consigne, il semblait n'avoir rien vu.

Le Prince s'acharna à lui présenter le sac mais inutilement. Alors que fit le petit diable ? A bout de patience, il se pencha et retourna le sac dans la botte du brave homme qui resta impassible comme une statue de cire, malgré les éclats de rire qui accueillaient cette farce innocente.

IX

Compiègne. — L'Empereur fait ses petits coups.

La vie à Compiègne était plus pour l'Empereur un surmenage qu'un repos. Il existait au palais une certaine petite chambre bleue dans laquelle on pénétrait par une petite porte dérobée, et où Napoléon III se montra devant de jolis yeux dans le plus simple appareil. Il y apparaissait généralement en chemise flottante et avec un ample caleçon de soie mauve. A son collet brillait une abeille d'or brodée.

Que d'amours éphémères ébauchées dans cette chambre ! Comme l'heureuse privilégiée aurait eu tort d'avoir foi en la fidélité du monarque et de se croire élevée en quelques instants au rang d'une Pompadour ou d'une du Barri. Pour une simple fantaisie d'une heure, Napoléon n'aurait jamais voulu se croire engagé à quoi que ce fût. Que de désillusions ne réserva-t-il pas aux jolies victimes qui croyaient que ses baisers, avec leur odeur écœurante de cosmétique, auraient une suite fastueuse. C'était avant tout un petit bourgeois pratique. Il aimait le changement. Il croyait quelques-unes de ses conquêtes assez payées de l'avoir vu en chemise, à d'autres il faisait remettre un cadeau ou quelques billets de mille francs. Enfin, on sait à quoi plusieurs fonctionnaires du palais durent leur avancement.

Il ne jetait pas le mouchoir aux jolies femmes qu'il avait remarquées, mais il remplaçait ce geste par ces simples mots : « A ce soir. »

Une centaine de personnes composaient en général la suite des souverains à Compiègne. On y remarqua quelquefois la présence de Jules Sandeau et d'Émile Augier.

Dans les salons, l'Empereur ne perdait pas son temps. Il allait à travers les groupes, tortillant les extrémités cirées de ses moustaches. Il mettait les personnes timides à l'aise en leur parlant de choses susceptibles de les intéresser. Cependant, tout en pérorant, il ne perdait pas de vue la jolie femme qu'il comptait « se mettre sous la dent » ou, pour parler un langage plus poétique, la fleur qu'il voulait sentir. Plus d'une fois, il lui arriva de ne pas attendre une réponse des personnes qu'il avait familièrement abordées, il les lâchait pour suivre celle qui avait subjugué son cœur.

Et ce petit manège se poursuivait jusqu'au moment des repas, jusqu'au moment où, suivant l'étiquette, les dames choisissaient elles-mêmes leurs cavaliers, s'approchaient de ceux-ci en disant : « Monsieur, voulez-vous me mener dîner ? » comme certaines femmes disent : « Monsieur, payez-vous un bock ? »

Le matin, d'assez bonne heure, il n'était pas rare de rencontrer l'Empereur dans la forêt, accompagné seulement de son aide de camp. Ordinairement, il s'appuyait lourdement sur sa canne et s'en servait parfois, d'un geste machinal, pour coucher des fleurs et repousser des petits cailloux. Il marchait un peu penché de côté, avec un léger dodelinement de tête.

Presque toujours, il rêvait et marchait des

heures entières sans adresser un seul mot à son compagnon de promenade.

Après le dîner, les invités de Compiègne allaient au spectacle. Un théâtre était dressé à l'extrémité de la salle de jeux. On y jouait ordinairement des charades et des petites pièces légères. L'Impératrice aimait assister aux répétitions et se promenait volontiers dans les coulisses. Et c'est là qu'une fois, envoyant promener d'un coup de pied assez leste un paravent qui la gênait, elle surprit un haut personnage et une artiste du Gymnase en grande conversation amoureuse. On juge de leur confusion.

Quelquefois, on dansait aux accords d'un piano mécanique, et entre temps les dames se dirigeaient vers un manège de chevaux de bois, près duquel l'Empereur éprouvait quelque excitation à voir les jupes se soulever et lui envoyer des parfums qu'il aspirait avec béatitude.

L'arrivée de la cour impériale à Compiègne donnait à la petite ville, assez triste d'ordinaire, l'animation des grands jours. Les souverains, et pour cause, traitaient particulièrement bien l'armée. Une fois par semaine, il y avait grand dîner ou spectacle à la cour et partout les places les meilleures étaient réservées aux officiers — particulièrement aux officiers de la Garde. Quant aux chasses, ces fameuses chasses, si recherchées alors, — tout le monde pouvait les suivre, bien que ceux qui fussent appelés à y jouer un rôle, devaient obtenir la faveur du *bouton*, c'est-à-dire le droit de porter l'uniforme adopté par l'Empereur et l'Impératrice : habit vert à la française, galonné d'or avec parements et collet de velours amarante, gilet rouge galonné, culotte blanche et bottes à chaudron; le tout surmonté du tricorne galonné d'or que l'Empereur et l'Impératrice portaient orné de plumes blanches.

Le droit de s'habiller ainsi pour courre le cerf, représenté par un bouton aux armes impériales, était fort recherché, comme bien on pense. Et sa distribution donnait lieu à bien des froissements. Ainsi certains sous-lieutenants portaient le bouton alors que leur général — moins bien né, sans doute, ou moins habile courtisan, — déplorait l'absence de cet insigne.

Du reste, si les souverains faisaient preuve envers tous ceux qui les approchaient d'une bienveillance et d'une affabilité — sincère ou diplomatique — leur entourage immédiat plaçait entre eux et le reste du monde une de ces barrières invisibles qu'on ne franchit jamais.

L'Empereur aimait les femmes, plus en jouisseur insoucieux des préliminaires qu'en raffiné.

Le comte de B..., qui occupait aux Tuileries un appartement du rez-de-chaussée communiquant avec ceux de l'Empereur, était son pourvoyeur habituel. C'est là que Napoléon venait faire son choix. Rendez-vous était pris en dehors du palais avec celle que le royal viveur avait trouvée digne de ses augustes appétits.

Il est probable que la personne ainsi remarquée devait être mise au courant des habitudes du souverain. On la prévenait sans doute que Napoléon n'aimait pas attendre et qu'il avait horreur de l'embarras qu'occasionnait une trop grande abondance de linge, qu'il aimait assez à son arrivée ne trouver aucun obstacle devant la véhémence de ses désirs.

On ne pourra pas nier qu'il existait aux Tuileries un service administrativement organisé des plaisirs de l'Empereur, appelé *le service des femmes*. Ce service lui procura de ces occasions exceptionnelles dont tout homme de tempérament aurait été bien jaloux.

On vit là jusqu'à des jeunesses qui, tremblantes de joie, apportaient à leur souverain et maître leur petit capital intact, dans toute l'acception du mot.

Et que de femmes du plus grand monde, briguant avec insistance les faveurs de l'Empereur, durent s'en retourner bredouilles. Dans ce nombre se trouva même une femme de lettres célèbre, qui, malgré son nom et ses protections, ne put réussir à collaborer cinq petites minutes seulement avec le bon monarque.

Napoléon fut traqué jusque dans ses amours passagères. On essaya de mettre à profit ses velléités amoureuses pour le ruiner dans sa santé et dans sa vie. Heureusement, le souverain eut du flair et il passa à côté de fort jolies avariées qu'on semait de temps en temps sur sa route avec l'espoir qu'elles seraient remarquées de lui.

Le soir, vers dix heures, Napoléon se retirait. Pour tout le monde il allait se coucher. Or, à peine rentré dans ses appartements, il changeait de vêtements, sortait du palais en compagnie d'un ami et arpentait Paris. C'était là sa plus grande distraction. Il lui semblait, après les soucis du pouvoir, qu'il recouvrait quelque liberté. Ces heures de noctambulisme lui semblaient bonnes. Il jouissait en inconnu des plaisirs variés que la capitale offre le soir, et quand il rentrait, il quittait non sans regret sa défroque de royal badaud.

X

Les distractions à la cour. — Jeux préférés de l'Impératrice. — Ses fantaisies.

L'Empereur était un peu considéré à la cour par les dames de l'entourage de l'Impératrice, très libres dans leurs propos, comme un empêcheur de danser en rond. Elles attendaient avec impatience qu'il fût parti pour donner libre cours à leur gaîté et entamer des conversations scabreuses, dont leur auguste patronne était très friande. On passait en revue les événements du jour, ceux qui concernaient le grand et le demi-monde: aventures galantes et autres. Il fallait à toute force amuser la souveraine.

Quand on était à court de nouvelles croustilleuses, on inventait des jeux. C'est ainsi que le jeu des portraits, introduit à la cour par Sainte-Beuve, eut un succès inespéré et se prolongea fort longtemps.

Chacune des personnes présentes devait tracer en quelques lignes la silhouette d'un personnage historique, homme ou femme.

Tous les concurrents remettaient leurs élucubrations à une personne chargée de les recueillir et de les lire à haute voix. Et l'on votait sur la question de savoir lequel de ces portraits hâtivement tracés avait le plus de mérite.

Plusieurs hommes de lettres célèbres, qui participèrent à ces tournois, n'eurent pas de mal à recueillir le plus grand nombre de suffrages.

Mais à côté de jeux tranquilles il en est d'autres qui provoquèrent la stupéfaction et l'ahurissement des gens graves. Ces jeux turbulents, nullement déplacés dans la cour d'un lycée de garçons, firent un moment crier au scandale. Ne s'était-on pas avisé de jouer, près de l'Impératrice, au cheval-fondu et à saute-mouton. Ces jeux, même, qui amusaient follement *la patronne*, firent fureur. Inutile d'expliquer celui du cheval-fondu. Tout le monde le connaît. Une dame s'asseyait et un monsieur, la tête enfouie dans ses jupes, le dos tendu, recevait à califourchon autant d'amateurs qu'il pouvait en porter. Ce jeu donnait lieu parfois à des dégringolades suggestives, où hommes et femmes confondus échangeaient à la dérobée des baisers et des attouchements qui étaient comme l'ébauche d'une amourette future. Ces amourettes étaient doublement favorisées par le jeu de cache-cache, car on jouait également à cache-cache chez l'Impératrice.

Un autre jeu consistait pour celui qui « s'y collait » à courir après un objet que ces dames se repassaient, à coup de pied, de l'une à l'autre. Il donnait lieu parfois à des démonstrations qui prouvaient que le patient allait chercher trop haut ce qui se trouvait bien bas.

Comme il fallait trouver du nouveau pour égayer l'Impératrice, on imagina des exhibitions de tableaux vivants représentant des scènes mythologiques ou tirées de l'antique. Ces scènes très décolletées provoquèrent les murmures des gens pudibonds, et les ennemis de l'Empire poussèrent l'infamie jusqu'à mettre en circulation des photographies obscènes où des physionomies de grandes dames remplaçaient celles des péripatéticiennes qui avaient bien voulu poser pour ces scènes réalistes. Personne heureusement ne se laissa prendre à ces grossièretés apocryphes.

Dans les diverses villégiatures des souverains, on n'était pas moins avide de fantaisies susceptibles de faire passer le temps. Le grand air, même, mettait l'Impératrice en bonne humeur. Elle retrouvait, loin de Paris, son exubérance naturelle, ce qui prouve à quel point la raideur protocolaire que sa situation lui imposait, s'harmonisait peu avec sa nature. L'anecdote du travestissement, narrée dans un précédent chapitre, le prouve.

Dans la forêt de Fontainebleau, il est un certain endroit appelé les Sables-d'Arbonnes où la souveraine avait trouvé un divertissement dont elle raffolait. Elle mettait ses jupes entre ses jambes, s'accroupissait et se laissait glisser le long d'une colline de sable en poussant des cris de joie. Inutile de dire qu'elle était aussitôt imitée par les dames qui l'accompagnaient. Et ce petit jeu, qui rappelait le tobogan, se répéta bien des fois.

A Biarritz, l'Impératrice Eugénie se rendit

coupable d'une espiéglerie qui prouvait à quel point elle poussait l'inconscience. Juchée derrière un mur et armée d'une baguette, elle n'avait rien trouvé de mieux que de guetter les passants, et lorsque l'un d'eux rasait le mur, elle lui appliquait sur la tête un coup de sa badine, puis disparaissait aussitôt.

On dit que cette gaminerie lui attira, de la part d'un promeneur grincheux, quelque désagrément. Elle dut s'enfuir pour se dérober à la poursuite de ce dernier qui la reconnut. L'affaire fit certain bruit. On en rit beaucoup. L'Empereur fut peut-être le seul qui songeât à s'en indigner.

XI

L'Impératrice et sa camériste. — La vente des robes de la souveraine. — Celles qui les achetaient.

Que de femmes du grand et du demi-monde sont les pantins d'une caméristc qui a pris sur elles un ascendant dont elles ne peuvent s'affranchir et dont elles subissent malgré elles l'influence. Tel fut un peu le cas de l'Impératrice Eugénie avec sa fidèle Pépa.

Souvent, pour plaire à la souveraine, il fallait plaire d'abord à Pépa.

Cette femme de caractère, qui avait d'abord été au service de Mme de Montijo, suivit à l'Élysée, puis aux Tuileries, la fille de sa maîtresse. Elle devint la première femme de chambre de Sa Majesté. Et ce chien fidèle, que l'on disait d'une rapacité sans égale, fut le gardien de la cassette personnelle de l'Impératrice, comme Thélin, le brave Thélin, était le dispensateur de la liste civile de Napoléon III.

Pépa dirigeait la comptabilité de Sa Majesté sans avoir pris le soin au préalable d'apprendre à lire et à écrire. On dit qu'elle s'en tirait fort bien et même... à son avantage.

Pépa tomba follement amoureuse d'un sous-officier de la garde, qu'elle fit nommer sous-lieutenant et qu'elle épousa ensuite. Mieux que cela, elle fit si bien que son mari, bénéficiant d'un avancement rapide, devint colonel des voltigeurs de la garde. On cria bien au scandale, mais Pépa se contenta simplement de hausser les épaules.

Pépa était la femme des pots-de-vin. Nul ne pouvait réussir d'affaires avec l'Impératrice si ce dragon ne recevait pas quelque cadeau proportionné à l'importance de l'achat.

L'Impératrice fermait les yeux sur tous ces marchandages. Elle en était arrivée à craindre sa terrible trésorière et ne permettait à personne de blâmer Pépa. Personne, même l'Empereur, n'aurait réussi à briser l'influence d'une telle créature.

Mais l'ambition de Pépa n'avait pas de limites. Et un jour elle obtint d'assister en grande toilette, et à la confusion de tous, à un grand bal donné aux Tuileries. On juge du scandale que provoquèrent de telles mœurs.

Mais Pépa était une entêtée. Pour bien prouver qu'elle était une force avec laquelle il y avait à compter, elle obtint de prendre part à de nouvelles fêtes.

Pépa avait la haute direction de la garde-robe de la princesse.

Or, tout ce qui avait cessé de plaire à sa maîtresse lui était acquis.

Que faisait Pépa ? Elle organisait dans son appartement des expositions du « décrochez-moi-ça » impérial, puis elle conviait à ces expositions de grandes dames, voire même des demi-mondaines de marque.

Et des toilettes, qui avaient coûté plusieurs billets de mille francs, étaient parfois revendues pour quelques louis — et à l'état de neuf, comme disent nos modernes brocanteurs.

C'est ainsi que cette singulière camériste devint millionnaire.

XII

Le duc de Morny.

Un volume sur le second Empire serait certainement incomplet s'il n'y était pas question un moment de M. de Morny.

Victor Hugo, dans un de ses ouvrages, a fait de cet aventurier un portrait assez savoureux. Il l'a représenté comme un intrigant « ayant les manières du monde et les mœurs de la roulette » et « faisant un gracieux sourire avec de vilaines dents », puis d'autre part « laissant volontiers sous les verrous un frère prisonnier, mais prêt à risquer sa tête pour un frère empereur ».

Victor Hugo alla même plus loin dans sa biographie à l'emporte-pièce, il traita d'assassin ce véritable frère de l'Empereur, qui, sous une élégance irréprochable, cachait une âme infâme et aimable.

M. de Morny tira parti du coup d'État du 2 décembre comme de l'expédition du Mexique, qui fut une entreprise financière. Là encore, de beaux bénéfices furent le prix du sang de nos soldats. Une lettre trouvée aux Tuileries le prouve.

Voici quelques extraits de cette lettre adressée en 1869 par M. J.-B. Jecker, banquier, à M. Conti, chef du cabinet de l'Empereur :

... Vous ignorez sans doute que j'avais pour associé, dans mon affaire, M. le duc de Morny, qui s'était engagé moyennant 30 p. 100 des bénéfices à la faire respecter et subventionner par le Gouvernement mexicain.

... En janvier 1861, on est venu me trouver à Mexico de la part de ces messieurs pour traiter.

Cet arrangement s'est fait lorsque ma maison se trouvait déjà en liquidation.

Aussitôt que l'arrangement fut conclu, je fus parfaitement soutenu par le Gouvernement français et sa légation au Mexique. Celle-ci avait même assuré à mes créanciers, au nom de la France, qu'ils seraient entièrement payés.

L'affaire en resta là jusqu'à l'occupation du Mexique par les Français.

Sous l'empire de Maximilien, et aux instances du Gouvernement français, on s'occupa de nouveau du règlement de mon affaire. En avril 1863, je parvins, aidé des agents français, à faire une transaction avec le Gouvernement mexicain.

A la même époque, le duc de Morny vint à mourir, de sorte que la protection éclatante que le Gouvernement m'avait accordée cessa complètement...

... Complètement ruiné par suite de l'expédition au Mexique, n'ayant plus rien à faire ici et ne pouvant rien y faire, je suis obligé de retourner là-bas pour rendre compte à mes créanciers de ma gestion.

Ils voudront savoir le motif qui avait porté, en 1861, M. de Saligny, alors ministre au Mexique, à leur promettre, au nom de la France, qu'ils seraient payés de ce que ma maison leur devait, et pourquoi, en 1863, cette protection extraordinaire m'a été si brusquement retirée par le Gouvernement français.

Quoique, jusqu'à présent, j'aie gardé le plus grand secret sur cette affaire, malgré qu'on m'ait fortement engagé à la publier, je serai obligé de me défendre pour ne pas me voir jeté en prison pour dettes ; je serai forcé de dire à mes créanciers ce qui s'est passé en leur délivrant tout ce que j'ai là-dessus. Le Gouvernement mexicain sera enchanté de connaître cette affaire à fond pour sa conduite ultérieure avec la France.

Je prévois bien l'effet qu'une confession semblable produira dans le public et le mauvais jour qu'elle jettera sur le Gouvernement de l'Empereur, surtout dans les circonstances critiques où nous vivons, mais je ne puis l'éviter, à moins qu'on ne me facilite les moyens de faire une proposition à mes créanciers, en les empêchant, par ce moyen, d'exiger que je leur rende compte de ma liquidation...

. . . .

Le duc de Morny était ambassadeur extraordinaire en Russie lors du couronnement de l'empereur Alexandre II, quand il s'éprit d'une princesse à la cour de Russie. Son futur mariage, annoncé à Paris, fut un coup de foudre pour sa bienfaitrice, une certaine comtesse L..., qui écrivit aussitôt au duc afin de lui annoncer qu'elle allait livrer à la publicité tous les papiers le concernant et qu'elle avait en sa possession, notamment ceux qui regardaient le coup d'État,

M. de Morny, qui ne s'attendait pas à cette tuile, renvoya la lettre à l'Empereur avec ces simples mots : *Sire, il faut agir, ou c'est un grand scandale en perspective avec ses désastreuses conséquences.*

L'Empereur, en la lisant, fit appeler immédiatement Piétri, lui en donna connaissance et lui demanda un homme capable d'aller chez la comtesse de L... prendre les papiers, de force ou de bonne volonté.

Toute la police du château fut mise en mouvement, pour trouver Griscelli.

Le général Rollin, plus heureux que tous les autres, le trouva assis sur le parapet du Pont-Royal en train de taquiner le goujon; il le prit par le bras et lui dit que tout Paris était à sa poursuite pour l'arrêter mort ou vif et le conduire devant Sa Majesté Impériale.

Bientôt, ils arrivèrent dans le salon des aides de camp et chambellans de service, qui, en voyant le policier, se précipitèrent tous à la porte du cabinet impérial pour annoncer Griscelli.

Un instant après, Sa Majesté Impériale montrait la lettre à Griscelli et lui demandait s'il croyait réussir à étouffer l'affaire. Dans ce moment, un aide de camp fit passer un pli à l'adresse du préfet de police, qui s'empressa de l'ouvrir et de le passer à l'Empereur. Napoléon lut ce qui suit :

Monsieur le Préfet,

J'ai le regret de vous annoncer que la comtesse L...., à l'annonce du mariage du comte de Morny, a vendu aux Orléanistes tous les papiers, lettres, etc., qui avaient trait au coup d'État du Deux-Décembre.

Sa Majesté s'arrêta pensive.

— C'est trop tard, exclama Piétri !

— Pas du tout, Monsieur le Préfet.

— Et pourquoi ? dit Napoléon en regardant Griscelli.

— Parce que, Sire, je ne crois pas que la comtesse vende les papiers avant qu'elle ait reçu la réponse à sa lettre.

— Je le crois aussi, répondit l'Empereur. Partez de suite, ajouta-t-il, et agissez vivement si la prudence échoue.

Ici, laissons parler Griscelli lui-même, et tel qu'il s'exprime dans ses mémoires.

Je sortis du cabinet en me dirigeant vers les Champs-Élysées.

En traversant le jardin des Tuileries, je fus rejoint par le préfet de police qui marmottait :

— Canaille de Morny ! S'il avait été pendu quand il a volé des millions ! Avait-il besoin de confier à cette péronnelle les papiers de l'Empereur ! Pense un peu dans quelle position il nous a mis, si les papiers sont à Londres ! Nous voilà déshonorés aux yeux du monde ! Si tu touches à cette femme, les Orléanistes feront du scandale ! Et si tu ne rapportes pas les papiers, que dira Sa Majesté ?

— Elle dira ce qu'elle voudra, dis-je machinalement, sans savoir comment m'y prendre pour les enlever des mains de la comtesse.

Ici, il est indispensable de fixer un point d'histoire. L'homme le plus dévoué à Napoléon III était Piétri, mais autant il était dévoué, autant il avait peur des scandales.

Quand nous arrivâmes à la porte de l'hôtel, Piétri se sépara de moi. Je montai les escaliers, sans avoir encore de plan arrêté, et, me faisant annoncer, j'entrai au salon où je me trouvai face à face avec l'ex-amie du duc d'Orléans. Il était alors huit heures du soir.

— Oh ! quel miracle ! me dit-elle en me voyant ; qui vous amène par ici à cette heure ?

— Je viens chercher le comte, répondis-je.

— Pour en faire un ambassadeur ?

— Oh ! madame, il est encore jeune pour ce poste, mais on en fera autre chose en attendant.

— Jamais, monsieur, mon fils n'acceptera rien de votre gouvernement !

— Pas même ambassadeur? dis-je en riant et en prenant une chaise près d'elle.

Alors, elle m'annonça que Morny avait voulu emmener *son Léon* en Russie, mais que le prince Murat l'avait détourné de ce projet en lui confiant son cousin. Pendant le récit, son fils arriva et vint à moi. Je lui dis à haute voix, afin d'être entendu de sa mère, que je venais le chercher pour une partie à la Maison Dorée.

Nous quittâmes la comtesse et, au lieu d'aller vers le boulevard des Italiens, j'entraînai le jeune comte vers la barrière de l'Étoile.

En passant sous l'Arc, je dis au fils de la comtesse que j'avais à lui parler de choses de la plus haute importance.

Dès qu'il se vit dans l'obscurité, son courage l'abandonna, et au lieu d'attendre que je l'interrogeasse, il alla presque lui-même au-devant de moi. Il m'arrêta par le bras et me dit :

— Où me conduisez-vous? Vous avez été l'ami et vous êtes encore l'ami de la maison ! A ce titre, monsieur, je crois que la lettre qui a paru dans les journaux va nous amener, à ma mère et à moi, bien des déboires! Mais, quoi qu'il m'arrive, je m'attends à tout, regrettant seulement de ne pas pouvoir faire savoir à Sa Majesté Impériale qu'Elle n'a pas un homme plus dévoué que moi et, qu'à ce titre, je désire qu'Elle sache que les opinions de ma mère n'ont jamais été les miennes.

— Je suis heureux, monsieur le comte, de vous entendre proclamer ces principes, surtout ce soir, parce que des misérables ont profité justement de la lettre en question pour faire un rapport épouvantable, et, dans leur haine, ils sont allés jusqu'à dire que vous étiez parti pour Londres avec les papiers intimes du comte de Morny, que vous vouliez vendre aux orléanistes.

— Ils en ont menti! c'est faux, très faux! Tous les papiers de M. de Morny sont dans une cassette enfermée dans la commode de maman!

— J'en étais persuadé d'avance, et je ne suis pas venu ni pour les papiers, ni pour la cassette; et je suis venu, en ami, pour vous prévenir de vous tranquilliser et de rester tranquille. Mais puisque vous avez témoigné vous-même le plaisir d'être présenté à Sa Majesté Impériale, je veux vous y conduire immédiatement, non pour la visite, mais afin de démentir énergiquement les faux rapports. Ces agents secrets sont si infâmes que, si vous ne démentez pas le premier, ils sont capables de faire deux rapports par jour.

Le préfet de police, placé derrière nous, ne perdait pas un mot de notre conversation.

Nous retournâmes; il était pressé de parler au chef du gouvernement. En arrivant à l'Élysée, je me rendis au poste des sergents de ville. J'ordonnai à l'officier de paix d'aller de suite cerner l'hôtel de la comtesse et de ne laisser entrer ni sortir personne, sans que l'ordre n'en soit donné par M. le comte ou par moi.

— Pourquoi faites-vous cela? Est-ce que maman est en état d'arrestation?

— Votre maman est libre, monsieur le comte, mais je ne veux pas que de faux agents, ou des agents trop zélés viennent la faire chanter.

En rentrant dans le cabinet de Napoléon où Piétri nous avait précédés, je dis à haute voix :

— Sire, j'ai l'honneur de vous présenter le comte de L..., qui désire mettre ses hommages respectueux aux pieds de son auguste souverain et vous annoncer lui-même que les papiers du duc sont dans la chambre de la comtesse.

A cette annonce faite un peu gauchement, Napoléon leva les yeux, me regarda en riant, mais aux mots : *les papiers du duc sont dans la chambre de la comtesse*, il tendit la main au jeune L... et le fit asseoir près de lui en disant :

— Oui, ces papiers, j'ai besoin de les consulter.

— Très bien, Sire; si Sa Majesté le permet, je vais à présent les chercher?

— Merci, monsieur le comte, faites un petit mot à la comtesse, nous allons y envoyer Griscelli.

Le jeune solliciteur s'attabla au bureau de l'Empereur et écrivit ces mots :

Bonne maman,

Je t'écris du cabinet de Sa Majesté Impériale où je suis encore ému de la réception que Sa Majesté m'a faite, fais-moi le plaisir de remettre à l'ami Griscelli la boîte où sont les papiers du duc de Morny, l'Empereur le désire et ton dévoué fils le demande.

Signé : Comte L. L.

Muni de ce talisman, je m'élançai dans le jardin, où Piétri me rejoignit.

Bientôt nous arrivions chez la comtesse. Précédant le préfet, je montai rapidement les escaliers.

En entrant dans le salon, la comtesse vint à moi, me menaçant des poings et criant comme une folle :

— Où est mon fils! vous l'avez assassiné! Je suis arrêtée, ma maison est cernée par les mouchards. Mon fils! mon fils! répondez donc?

Tandis qu'elle se démenait, j'étais resté immobile comme une statue.

Dès qu'elle m'ordonna de parler, et pour toute réponse, je lui fis passer la lettre de son fils. Elle s'en empara en tremblant, lut, puis elle s'arrêta aux mots : *donne la boîte* :

— Jamais! Jamais!

Elle cria si fort que Piétri et l'officier, croyant que je l'avais assassinée, parurent dans le salon.

A la vue de ces deux messieurs, elle courut dans sa chambre :

— Je cède à la force! je protesterai devant toute l'Europe contre le gouvernement du sabre et des mouchards!

Je l'avais suivie, elle me donna la boîte. En passant dans le salon, je l'offris à M. le Préfet qui la refusa, disant :

— Porte-la toi-même à l'Empereur. Je veux rester pour l'apaiser. En t'en allant, dis aux sergents de ville qu'ils rentrent au poste.

Quand je me présentai au cabinet de Napoléon avec la cassette, la figure de l'Empereur s'illumina.

A mesure qu'il retirait les papiers, ses yeux jetaient des éclairs de joie.

Il tendit de nouveau la main au comte de L... en lui disant :

— Comptez sur mon affection.

Et, s'adressant à Piétri :

— Vous viendrez déjeuner demain matin. Quant à

vous, Griscelli, venez au salon de service demain à huit heures.

— Oui, Sire.

Nous partîmes tous trois des Tuileries pour aller chez Duhem, au Palais Royal, où Piétri nous paya à souper. Il était deux heures du matin.

Le lendemain, à huit heures précises, Griscelli arrivait au salon de service quand l'Empereur l'appela dans son cabinet. L'Impératrice était présente. Il lui donna 6.000 francs et voulut qu'il lui fît le récit fidèle des événements de la veille.

Le policier, bien entendu, s'exécuta... son récit était payé d'avance et bien payé.

XIII

Façon dont le Gouvernement impérial maniait le suffrage universel et préparait l'opinion à l'aide des journaux subventionnés. — Noms de journaux subventionnés. — Entente entre l'Empereur et un journaliste de l'opposition.

Dans ce chapitre, on va voir que l'Empire soignait sa publicité et recherchait tous les éléments possibles pour assurer la solidité de ses assises.

Voici, à ce sujet, quelques extraits d'un rapport fourni par le chef de bureau de la division de la presse au ministère de l'Intérieur ; il date du mois d'avril 1869 :

L'organisation de la presse en vue des élections générales n'a pu être commencée véritablement qu'il y a un peu plus de deux mois. Le temps était court, la tâche urgente...

Voici les grandes lignes de ce remaniement :

1° Transformation de la section de lecture et d'examen des journaux, introduction d'un système de lecture comparatif des journaux de l'opposition et du gouvernement par un seul et même lecteur, de façon à pouvoir suivre exactement les phases de la lutte politique par département; relevé quotidien des faits électoraux, professions de foi, etc.

2° Création de toutes pièces d'une section de publicité départementale.

Un certain nombre de rédacteurs y préparent, chaque jour, une série de correspondances, des cadres d'articles, d'inspirations diverses, de renseignements, etc. On peut dire que, dans cette section, les résultats ont presque dépassé les expériences. Un fait obtenu récemment en donnera la portée. L'insertion et le commentaire de la « Lettre à un électeur » dans plus de 80 journaux ont été réalisés en moins de trois jours. Le ministre est, dès à présent, en mesure de provoquer telle publication ou telle polémique qui lui conviendra et partout où il lui conviendra, dans un délai très court, et selon un ensemble de 150 journaux au moins.

Depuis le 1er janvier 1869, l'Administration a fondé dans les départements 146 journaux nouveaux, tous créés en vue de la polémique, véritables armes de guerre maniées avec une grande résolution et souvent une extrême virulence...

Il a été adopté quatre ordres de mesures variant d'après les circonscriptions :

1° Subventions destinées à assurer, soit l'existence, soit le dévouement des journaux.

2° Subventions destinées à accroître leur publicité, c'est-à-dire à envoyer des numéros gratuits pendant la période électorale, pour contre-balancer le même système que l'opposition a adopté dans une large proportion.

3° Subventions destinées à renforcer la rédaction au moyen de l'adjonction de rédacteurs nouveaux.

4° Choix et envoi de rédacteurs, soit aux frais des candidats, soit à ceux des propriétaires des journaux...

On ne pouvait se borner cependant à limiter l'action de l'Administration uniquement aux journaux dévoués. Il était essentiel de s'assurer une influence indirecte sur les feuilles d'opposition.

Les moyens de les atteindre se réduisent à deux : d'abord s'assurer dans une proportion pratique du concours de quelques correspondants départementaux. En second lieu, une sorte de compromis a été conclu avec la correspondance Cahot qui sert 27 journaux en général de la nuance du tiers-parti. M. Cahot viendra chaque jour, pendant la période électorale, prendre les indications du ministère. Il s'est engagé à introduire dans ses envois aux journaux tout ce qui sera compatible avec leur ligne politique sans découvrir ses relations gouvernementales.

L'action de la presse locale assurée, il y a lieu de se préoccuper sérieusement du rôle que la presse de Paris s'efforce de jouer dans les départements.

L'enquête a révélé que le chiffre des abonnés aux journaux de l'opposition dépasse de beaucoup celui des abonnés aux journaux du gouvernement.

L'opposition ne recule pas, en effet, devant des sacrifices importants pour répandre dans les cercles, dans les petits centres et surtout dans les cabarets, des feuilles démocratiques, particulièrement *le Siècle* et *le National* à 5 centimes. Il nous a paru important de rétablir l'équilibre d'influence et tout au moins de ne pas laisser la place libre à l'action des adversaires.

A côté de la publicité officielle, le plan d'action devait naturellement embrasser tous les moyens de pression sur l'opinion publique. *Le Petit Journal*, qui tire à 250.000 exemplaires, n'est pas politique, il est vrai, mais il pénètre dans les classes populaires.

M. Millaud, son directeur, d'accord avec le service de la presse, a commencé à publier un certain nombre de portraits personnels des ministres, des membres principaux de la majorité, etc. Ces portraits, très habilement faits, côtoient la politique sans l'aborder.

Ce journal prépare, en outre, la publication d'un roman militaire du premier Empire, conçu dans un sens opposé aux déclamations et aux romans politiques de l'opposition dirigés contre l'armée. Ce roman doit nous être donné par le cabinet de l'Empereur. Enfin M. Millaud étudie les moyens de donner les lithographies des divers candidats à un prix des plus minimes. Nous les ferons répandre par le moyen du colportage, qui est également organisé et qui vend, en ce moment, sans débours pour le ministère, la lettre de l'Empereur au ministre d'État, avec un tirage de près de 100.000 exemplaires.

Aucun des moyens de propagande ne sera négligé et notre choix s'est porté sur *le Peuple* et *la Patrie*, qui publieront chaque jour une chronique électorale des départements. Un groupe de rédacteurs, composé dès à présent de MM. Behaghel, Vitu, Aurélien Scholl et Adrien Marx, seront chargés de mettre en œuvre les éléments qui leur seront confiés...

La Patrie enverra le nombre d'exemplaires qu'on lui demandera moyennant 125 francs le mille.

Un accord a été conclu avec *le Figaro*. Cet accord,

dont le ministre lui-même a suivi et dirigé les phases, promet de donner des résultats utiles.

Avec *la France*, *le Peuple*, *la Patrie*, *le Messager de Paris*, *le Constitutionnel*, *le Public*, *le Pays* et *le Dix-Décembre*, le gouvernement se présente aux élections à la tête d'organes attachés fermement aux principes dynastiques...

Les instruments sont prêts; ils obéiront sans peine à une impulsion supérieure.

Voici le détail du crédit de 50.000 francs alloué à la Presse départementale :

Courrier du Gers	2.000	francs
Journal de Saône-et-Loire	1.000	—
Journal de Montbéliard	500	—
La Côte-d'Or	6.000	—
Courrier Populaire de Lille . . .	1.200	—
Phare de Marseille	5.000	—
Aube (service de Presse)	5.000	—
Gers (frais de voyage d'un rédacteur)	200	—
Journal de la Corse	600	—
Journal de Seine-et-Oise	480	—
Doubs (service de la Presse) . . .	2.500	—
Bas-Rhin (id.) . . .	9.000	—
Somme disponible	15.920	—
	50.000	francs

Napoléon III aimait à recevoir les écrivains de l'opposition, dans l'espoir qu'une importante publicité serait donnée à l'expression de sa pensée. Parmi ceux-là, nous citerons M. Havin, le directeur du *Siècle*, qui eut ses grandes et ses petites entrées aux Tuileries. Il paraissait y venir simplement dans un but de mondanité, mais la vérité est qu'il y venait pour s'entendre avec l'Empereur au sujet de l'article du lendemain et pour savoir dans quelles conditions il devait combattre le gouvernement, au mieux des intérêts de tous, bien entendu.

XIV

Élucubrations de l'Empereur. — Plan d'un petit roman. — Napoléon III journaliste. — Ses envois aux journaux subventionnés. — Napoléon III historien. — Lettres de félicitations d'auteurs célèbres. — Les thuriféraires.

Voici le plan d'un roman social (en vue probablement d'une publicité efficace), écrit de la main de l'Empereur.

M. Benoît, honnête épicier de la rue de la Lune, était parti, en 1847, pour l'Amérique. Après avoir voyagé dans les contrées qui s'étendent depuis l'Hudson jusqu'au Mississipi, il revint en France en avril 1868, ayant passé près de dix-neuf ans hors de son pays. Il avait recueilli les lointains échos de tout ce qui s'était passé en France depuis 1848, sans se rendre bien compte des changements survenus. Quelques réfugiés français lui avaient dit que la France gémissait sous le despotisme et qu'il allait la revoir, bien avilie et bien appauvrie, la patrie qu'il avait quittée si florissante du temps de Louis-Philippe. Notre ami Benoît arrive donc à Brest dans le paquebot transatlantique. Il arrive dans la rade, plein de préjugés, de regrets, d'appréhension : « Quels sont donc ces vaisseaux tout noirs, si laids en comparaison des beaux vaisseaux à voile que j'avais laissés ? » demande-t-il au premier marin qu'il rencontre. « Mais ce sont des vaisseaux cuirassés, l'invention de l'Empereur. Revêtus de fer, ils sont à l'abri du boulet, et cette transformation a détruit jusqu'à un certain point la suprématie sur mer de l'Angleterre. » « C'est possible, mais je regrette nos vieux bâtiments avec leurs mâts et leurs voiles poétiques ! »

Il voit vers la mairie la foule se porter aux élections. *Étonnement* (*sic*) du suffrage universel.

Étonnement des chemins de fer qui sillonnent la France (*sic*), du télégraphe électrique.

Arrivée à Paris ; embellissement. L'octroi porté aux fortifications.

Il veut acheter des objets, qui sont meilleur marché, grâce au traité de commerce. Le fer moitié moins cher, etc,

Il croit qu'il y a beaucoup d'écrivains en prison. Erreur.

Point d'émeutes, point de détenus politiques, point d'exilés.

Point de détentions préventives.

Accélération des procès.

La marque supprimée.

La mort civile supprimée.

La caisse pour la vieillesse.

Les *aziles* (*sic*) de Vincennes.

Les coalitions.

Police de roulage détruite.

Réglementations abolies.

Service militaire allégé, solde augmentée, médaille instituée, retraite augmentée.

Réserve augmentant la force de l'armée.

Fonds pour les prêtres infirmes.

Contrainte par corps.

Courtiers : un marchand qui envoyait un commis vendre ou acheter des marchandises, était arrêté.

Les conseils généraux...

Ce petit plan, qui eût servi à faire une image d'Épinal pour propagande électorale dans les villages, s'arrête là. Il est probable que le sujet n'a jamais été développé.

Il était curieux cependant de le mettre sous les yeux du lecteur. Il montrera la distance qui séparait les grandes idées de l'oncle de celles du neveu.

L'Empereur qui subventionnait sur sa cassette particulière trois journaux : *le Peuple*, *le Dix-Décembre* et *l'Époque*, adressait de temps à autre à ces feuilles des articles de son cru sur les sujets à l'ordre du jour.

En voici trois tracés entièrement de sa main :

I

Les idées ont une filiation avec les hommes. Pour savoir ce que nous sommes, il faut savoir ce qu'étaient nos pères.

Dans la grande crise de 1814 et de 1815, lorsque l'Europe était conjurée contre l'Empire, le peuple français montra le plus héroïque dévouement à Napoléon, glorieux représentant de toutes les grandes idées de la révolution. Mais il y avait alors dans le pays trois partis que nous retrouvons encore aujourd'hui :

Les Émigrés ;
Les Républicains ;
Les Libéraux.

Ces trois partis croyaient représenter la nation et ne représentaient que des instincts égoïstes et sans racine dans le pays. Le peuple resta fidèle aux grands souvenirs de la grande époque. Eh bien, aujourd'hui, il en est de même. La coalition de ces trois partis ne prévaudra pas contre le sentiment national, et ils auront beau mettre sur leur drapeau le grand mot de liberté, le peuple saura bien toujours que son bien-être, sa gloire, sa liberté réelle sont avec l'Empire.

DEUXIÈME ARTICLE

Quel est le vrai représentant du peuple? C'est celui qui résume dans sa personne les votes de huit millions de Français. C'est celui qui assure l'ordre, la prospérité, le progrès, qui maintient notre ascendant devant l'étranger et qui, tenant d'une main ferme le gouvernail, empêche le vaisseau de l'État d'échouer dans l'anarchie ou la réaction. Et, ce qui prouve combien l'Empereur est le véritable représentant de la France, c'est que tous les autres personnages qui sont en évidence ne représentent que des coteries opposées les unes aux autres. Est-ce, par exemple, M. Jules Favre qui représente la France? Il est républicain; il veut que le chef du pouvoir soit renommé tous les quatre ans, qu'une Chambre unique soit souveraine et dispose du pouvoir exécutif, que les forces militaires de la France soient assez amoindries pour qu'elles ne puissent plus faire la guerre, etc.

Est-ce M. Thiers? Celui-là veut la monarchie et un gouvernement parlementaire; il veut une armée permanente fortement constituée et plus considérable que celle qui existe; il veut qu'on abandonne l'Italie et son unité, qu'on refuse à l'Allemagne la Confédération germanique, qu'on rétablisse le système protecteur, qu'on diminue les travaux publics.

Est-ce M. Jules Simon? Celui-là veut, etc. (1).

Est-ce M. Pelletan? Celui-là veut 93, la guillotine et la liquidation sociale.

Est-ce M. Falloux? Celui-là veut la suprématie de l'Église.

Qu'on suppose maintenant tous ces grands citoyens réunis en conseil. Voit-on la cacophonie qui en résulterait? MM. Jules Favre, Thiers, Pelletan, Jules Simon, Falloux, décidant des destinées de la France! Que le peuple sensé réfléchisse à ce dilemme: ou soutenir l'Empire ou l'Anarchie!

L'article 3 porte un titre:

CE QUE NOUS VOULONS

(1) Cet *et cætera* signifie que l'Empereur laisse à d'autres le soin de compléter sa pensée car la mémoire a dû lui faire défaut.

Et voilà ce que veut l'Empereur en parlant à la première personne du pluriel :

Nous voulons l'affermissement du gouvernement actuel et le respect de la Constitution ;

L'anéantissement des anciens partis ;

La conciliation pour tous ceux qui se rallient franchement ;

Le progrès sous toutes ses formes ;

La dignité vis-à-vis de l'étranger ;

Le bien-être des classes agricoles et industrielles.

Il est un fait réel, c'est que l'Empereur est resté aussi populaire qu'il y a quinze ans, tandis que son gouvernement ne l'est pas.

D'où vient cette anomalie ?

C'est que les agents du pouvoir, au lieu d'imiter la bienveillance extrême du chef de l'État, sa modestie et sa simplicité, ont été infatués des pouvoirs qui leur étaient délégués, et qu'ils ne se sont pas assez occupés de suivre les inspirations des populations et qu'ils ne se sont pas assez occupés de leurs intérêts.

Les administrations sont restées avec le même esprit que sous Louis-Philippe, hautaines et routinières.

Les préfets ont voulu faire les pachas et imposer leurs volontés aux populations.

Le gouvernement de l'Empereur est le plus honnête qui ait jamais existé, mais il s'est laissé contaminer par des hommes qui, sans être au pouvoir, étaient en relation avec le gouvernement et qui le compromettaient par leurs spéculations.

La presse, au lieu de contrôler les actes de tous les agents du pouvoir, a été servile ou rebelle.

Dévoués sans réserve à l'Empereur, notre tâche est de le servir, non en aveugles mais avec les yeux ouverts. Blâmant tout ce qui est blâmable, osant résolument dire notre opinion sur les hommes comme sur les choses, ne donnons notre éloge que sur ce qui est bon et éclairons le gouvernement sur ce qu'il doit savoir.

La gloire de la France, le bonheur du peuple, la prospérité de l'Empire et de l'Empereur, telle est notre devise.

En ce qui concerne Napoléon III historien, nous ne ferons pas ici la critique de son ouvrage *la Vie de César*, resté inachevé. Nous nous bornerons simplement à citer quelques extraits des lettres de félicitations que reçut l'auteur, ce sera beaucoup plus intéressant. Ces lettres prouveront que les félicitations sont parfois une marchandise qu'on échange pour des faveurs et que le succès est un grand flagorneur qui a ses têtes

— il est notamment plein de complaisance pour les têtes couronnées.

Indépendamment de lettres adressées à l'Empereur de tous les points de l'Allemagne pour solliciter l'attention ou les largesses du Monarque, il y en a une centaine relatives à son ouvrage.

Elles émanent d'employés studieux, de boutiquiers chargés de famille, d'étudiants malheureux, etc. Une femme le demande avec une dédicace, afin de le laisser en héritage à ses enfants. De tous les pays du monde, des savants sollicitent l'autorisation de le traduire.

Il est même une lettre d'un grand savant allemand mort ces temps derniers, Théodore Mommsen (1), très flatteuse pour Sa Majesté. C'est ce même Mommsen qui, témoignant dans ses lettres de sa reconnaissance pour l'accueil qu'il avait toujours reçu en France, faisait preuve d'une muflerie toute wagnérienne — si j'ose m'exprimer ainsi — en prouvant, dix ans avant la guerre de 70, l'absolue nécessité pour l'Allemagne de prendre à la France l'Alsace et la Lorraine, et ajoutait dans son écrit que les Français

(1) Les journaux français lui ont fait l'honneur d'un article nécrologique.

devaient tomber *de la blague dans le désespoir* (*textuel*).

Mais passons aux lettres de quelques notabilités bien françaises.

Voici la lettre d'Émile Augier :

Sire,

Quand Votre Majesté m'a fait l'honneur de me lire sa préface, j'en ai été très frappé : je le suis bien autrement par la lecture de son livre que je viens d'achever.

Ici, l'auteur s'étend sur les mérites du livre. Et il finit par ces mots :

C'est donc une œuvre d'art des plus remarquables, mais c'est aussi l'œuvre profonde d'un penseur. Il y a telle page, telle phrase de deux lignes (*sic*) qui ouvre des perspectives infinies. Pour écrire un livre pareil, la sagacité naturelle et l'élévation de l'esprit ne suffisent pas, il faut la connaissance intime et la pratique du mécanisme intérieur des événements, il faut avoir fait de l'histoire en action. L'auteur de la *Vie de César* était seul en état et en position de rendre ce service à la science. La postérité lui saura gré de l'avoir rendu et dédommagera son œuvre des injustices passagères qu'il a prévues et bravées...

Voici, on l'avouera, une fort belle page de littérature et de diplomatie.

Sire, écrit M. Quentin-Bauchard, président du Conseil d'État, vous vous appelez Napoléon III et vous êtes l'Empereur des François... Il ne vous suffisait donc pas d'illustrer votre règne par les gloires de la guerre et par les merveilles de la paix ; il fallait encore, comme l'immortel fondateur de votre dynastie, vous illustrer par les travaux de l'esprit !... Nous saluons votre livre, Sire, comme un monument de cette infatigable activité et de ce génie patient et élevé que Dieu vous a donnés pour les grands desseins qu'il vous a confiés.

Je mets à vos pieds, Sire, etc.

Caro, après avoir qualifié le livre de splendide présent, s'exprime ainsi :

Il me siérait guère de louer ici le rare mérite de cette œuvre si substantielle, si méditée, si virile d'accent, et dans laquelle il me semble que Montesquieu a passé...

Le procureur général Dupin écrit :

L'Histoire de Jules César par L.-Napoléon !

Quel rapprochement que ces deux noms à dix-neuf siècles de distance !...

Les lettres de Camille Doucet et d'Octave Feuillet sont plus réservées et plus modestes.

Quant à Arsène Houssaye, il a été oublié dans cette distribution, et il écrit mélancoliquement :

Sire,

Je viens demander une grâce à Votre Majesté :

Un exemplaire de l'*Histoire de César* !

De Votre Majesté, Sire, le plus humble des critiques et des sujets...

Les témoignages d'admiration de Saint-René Taillandier arrachent les larmes.

Les dernières pages, dit-il, sont d'une exquise beauté. La postérité répétera ces paroles : « Ne cherchons pas sans cesse de petites passions dans de grandes âmes. »

On croirait lire certains passages des *Précieuses Ridicules* et du *Monde où l'on s'ennuie*.

Dans toutes les autres lettres, pas un seul auteur ne s'exprime avec une digne sobriété.

Si ! un seul, Albéric Second, mais ce n'est pas pour mendier un exemplaire de la *Vie de César*. Qu'on en juge :

Lettre à Conti :

CHER MONSIEUR,

Je me noie en ce moment, faute de quatre billets de mille francs.

Ah ! si vous pouviez faire parvenir mon cri d'angoisse jusqu'à l'oreille de l'Empereur !...

C'était le plus pratique. Son vœu fut exaucé. Cette seconde lettre le prouve :

CHER MONSIEUR,

L'Empereur a daigné entendre et accueillir mon cri de détresse.

Faites, je vous en prie, que mon cri de joie et de reconnaissance parvienne jusqu'à Sa Majesté.

Et croyez aux sentiments de haute considération de votre dévoué serviteur.

ALBÉRIC SECOND.

XV

Napoléon III avait-il placé 63 millions à l'étranger?

Napoléon III eut un compte ouvert à la banque Baring Frères de Londres. Après le coup d'État, l'Empereur était créditeur de cette banque d'une somme de 707 livres sterling, reste de 36.370 livres. Or, le dossier de l'Empereur, dans ladite banque, contenait une note ainsi libellée et datée du mois de décembre 1866 :

Russian 5 p. 100 1822	50.000	£
Russian 5 p. 100.	50.000	—
Russian 3 p. 100.	50.000	—
Turcos 6 p. 100 1858	100.000	—
Peruvian 4 1/2 p. 100 (old) . . .	80.000	—

Peruvian 4 1/2 p. 100 (new) . . .	52.000	£
Canada 6 p. 100	50.000	—
Brazilian 4 1/2 p. 100	50.000	—
Egyptian 7 p. 100	50.000	—
American 8 p. 100	100.000	—
Mississipi 6 p. 100	25.000	—
Diamonds	200.000	—
Uniforms	16.000	—
	873.000	£
Beaujon	60.000	—
Total . . .	933.000	£

On se perd en conjectures sur le mot Uniforms porté pour 16.000 livres sterling. Pour ce qui est de Beaujon, il s'agit probablement du prix des terrains du peintre Gudin (1).

L'authenticité de cet état assez obscur, qui prouverait peut-être que l'Empereur avait économisé 23.325.000 francs sur sa liste civile pour les placer en lieu sûr, fut confirmée par une lettre signée Max Pol publiée dans le journal *le Siècle*. Naturellement, M. Piétri, secrétaire particulier, et M. Thalin, trésorier de l'Empereur, jetèrent les hauts cris et, dans des lettres

(1) On verra plus loin l'explication que M. Thalin donne au sujet de ces comptes.

adressées à *l'Indépendance Belge*, déclarèrent que jamais l'Empereur n'avait placé un centime sur les fonds étrangers.

Voici un fragment de celle de M. Piétri en date du 17 octobre 1870 :

... Je déclare, en connaissance de cause, que toutes les indications de placements et tous les chiffres énumérés par le signataire de la lettre sont complètement faux, et je reste confondu de voir à combien d'inventions perfides peut donner lieu le désir de nuire...

Or, voici, d'autre part, la lettre de M. Max Pol :

Vous osez dire, monsieur, que votre sire n'a pas un centime placé dans les fonds étrangers? Je vais vous démontrer par les chiffres que vous n'êtes pas instruit ou que vous dissimulez la vérité.

La position que j'ai occupée à Paris me permet de parler savamment des finances de Louis-Napoléon Bonaparte, et je ne crains pas d'être démenti par son trésorier, M. Thélin, très honnête homme du reste.

Voici les placements à l'étranger de Louis-Napoléon Bonaparte :

En 1854 chez Baring frères à Londres .	4.000.000
1855 à la Banck of Victoria à Londres.	6.000.000
1856 chez Kindlet et Cie à Yonne .	3.000.000
1860 chez J. P. Jecker au Mexique.	14.000.000
1863 sur l'emprunt tunisien . . .	3.000.000
1864 sur l'emprunt ottoman . . .	5.000.000
1866 à New-York, sur hypothèques par l'entremise de Brown frères	10.000.000
1867 sur l'emprunt russe par l'entremise de Funder et Cie et de Plitz, banquier à Saint-Pétersbourg	6.000.000
1869 L'Impératrice a acheté en son nom une propriété près de Santander, par l'entremise de Don Trupita, pour	3.000.000
1870 La même a acheté une propriété à Alcoy près Alicante pour .	2.000.000
1871 A Amsterdam, placé chez Berg von Dussen pour achat de divers titres	7.000.000
Total . . .	63.000.000

La lettre se termine ainsi :

C'est à vous, monsieur, de nous dire à présent

combien votre maître a placé sur les fonds français. Quant à moi, je ne connais qu'une inscription de rente au profit d'une petite dame, mais je ne dirai pas le chiffre ni le nom de la bénéficiaire.

Signé : MAX POL.

1er octobre 1870.

L'affaire ayant fait quelque bruit, M. Piétri protesta encore :

La publication déloyale des papiers trouvés aux Tuileries, écrivit-il à *l'Indépendance Belge*, ne s'arrêtant pas, je ne cesserai pas de mon côté de rétablir la vérité toutes les fois que je la trouverai dénaturée par l'esprit de dénigrement.

L'Indépendance Belge a publié une liste de certaines valeurs étrangères trouvée dans les notes de toutes sortes qui journellement étaient remises à l'Empereur. Or, ce document, qui vous paraît établir d'une manière indiscutable les économies réalisées par l'Empereur, n'est autre chose que le détail de la fortune de M. le duc de Brunswick, remis à Sa Majesté dans une circonstance que je n'ai plus bien présente à l'esprit.

Vous pourrez remarquer qu'il y est question de Beaujon, qui est la résidence du duc à Paris, et d'uniformes que celui-ci a toujours possédés.

J'espère, monsieur, que votre amour pour la vérité vous fera accueillir cette lettre avec la même faveur que vous avez accordée à la note trouvée aux Tuileries et que vous lui donnerez la même publicité.

Veuillez etc.

Signé : F. Piétri.

De son côté, M. Thélin adressa à *l'Indépendance Belge* une longue lettre où il énumérait l'emploi de la liste civile de l'Empereur, en stipulant que Sa Majesté s'était réservé par an une somme de cinq millions, qu'elle pouvait dépenser comme bon lui semblait sans nuire en aucune façon à la marche des services établis.

Nous relevons, dans cette longue nomenclature, les allocations suivantes :

Palais des Césars à Rome, fouilles . .	750.000
Allocations aux filleuls de l'Empereur .	840.000
Dons diplomatiques, tabatières, décorations en diamants, bijoux pour artistes dramatiques, etc.	3.600.000
Achat de pierres précieuses ajoutées aux diamants de la couronne	100.000
Dons de munificence et prêts à diverses personnes. Entre autres : deux hôtels aux deux ministres MM. Billault et	

Magne, hôtel à la princesse Baciocchi, hôtel au prince Murat, six maisons à Vichy au docteur Conneau et à d'anciens serviteurs, complément de la dot de la princesse Anna Murat 10.000.000

Quelque temps après, paraissait dans le *Times* une lettre de la banque Baring où il était dit qu'à aucune époque cette banque n'avait fait de placements pour le compte de l'Empereur.

Mais aucune des autres maisons de banque soupçonnées d'avoir facilité les épargnes impériales ne fit de déclarations analogues. Et la maison Baring frères restait muette sur les placements qui pouvaient avoir été faits pour le compte de l'Impératrice et du Prince Impérial.

Somme toute, il était difficilement croyable que l'Empereur, après dix-huit ans de gouvernement, se trouvât dans le même dénûment qu'à l'époque de sa première rentrée en France.

XVI

Subventions annuelles accordées aux membres de la famille impériale. — Une facture de bonbons payée par l'Empereur. — Ce que coûtait un baptême impérial. — Dons et pensions.

Il est juste de dire que si l'Empereur se fit beaucoup de bien à lui-même, il en fit pas mal autour de lui. Ce chapitre sera comme le complément du précédent.

Ci-dessous le relevé des sommes annuelles accordées aux membres de la famille impériale :

		Francs.
LL. AA.	la princesse Bacciocchi. . .	250.000
—	le prince Lucien Murat. . .	50.000
—	la princesse Lucien Murat. .	100.000

LL. AA.	le prince Achille Murat. . .	24.000
—	la princesse Joachim Murat .	20.000
—	le prince Pierre Bonaparte .	100.000
—	le prince Antoine Bonaparte .	100.000
—	le prince Louis-Lucien Bonaparte	100.000
—	le prince Lucien Bonaparte .	20.000
—	le prince Napoléon-Charles Bonaparte	70.000
—	la princesse Marianne Bonaparte	6.000
Madame Valentini.		25.000
La comtesse Rasponi.		50.000
Le marquis Pepoli.		25.000
La marquise Roccagiowine.		40.000
La comtesse Primoli		40.000
La comtesse Campella		20.000
La princesse Gabrielli		40.000
La baronne de Chassiron		30.000
Madame Wyse.		46.975
Madame Ratazzi née Wyse.		24.000
Madame Turr, née Wyse		24.000
Le prince Gabrielli		6.250
La marquise Christine Stephanoni . .		6.250
La comtesse Lavinie Aventi		6.250
La marquise Amélie Parisani. . . .		6.250
Madame A. Booker		6.000

Madame Clélia Honorati Romagnoli .	6.000
M. Jérôme Bonaparte fils.	30.000
La marquise Bartholini	12.000
La comtesse Mosti, née Pepoli. . . .	8.333
La comtesse Tattini, née Pepoli . . .	8.334
M. Wyse (Lucien-Napoléon)	2.000
	1.310.975

Voici, à titre de curiosité, une facture de bonbons payée par Napoléon III à la maison Gouache, confiseur :

16 avril	216 francs.
9 mai	432 —
3 juin	216 —
1er décembre	216 —
20 mai	216 —
Soit en tout.	1.296 francs.

Voyons à présent ce que coûte le baptême du Prince Impérial :

	Francs.
Médaillons en diamants.	25.000
Allocations aux médecins	62.000
Allocation à la sage-femme.	6.000
A la société des auteurs et compositeurs dramatiques	10.000
A la société des gens de lettres . . .	10.000

A la société des artistes dramatiques .	10.000
— des peintres, sculpteurs, etc.	10.000
— des inventeurs industriels.	10.000
— des médecins du département de la Seine . . .	10.000
Aux bureaux de bienfaisance de la Seine et des communes où sont situés les biens de la couronne	93.000
Layette	100.000
Gratifications de quatre mois de traitement aux agents de service intérieur de S. M. l'Impératrice	11.000
Spectacles gratis du 18 mars 1856 . .	44.000
Secours aux parents des enfants nés le 16.	50.000
Médailles aux auteurs et compositeurs des cantates et vers adressés à LL. MM. Médailles aux troupes et élèves des lycées	85.000
Brevets adressés aux parents des filleuls de LL. MM.	20.000
Cortège du baptême. Service des écuries	172.000
Gratifications aux gagistes de la maison de LL. MM.	160.000
Total . . .	898.000

La liste des dons et pensions, de leurs bénéficiaires, des personnes ayant eu enfin à un titre quelconque des rapports financiers avec l'Empire et des solliciteurs, est trop longue pour que nous la publiions en entier. Nous nous bornerons à citer quelques extraits qui nous paraîtront les plus intéressants de ce tableau rédigé d'après les papiers trouvés aux Tuileries :

Archambault, serviteur de Napoléon Ier à Sainte-Hélène, pension annuelle . .	2.400
Auchard, frère de lait du roi de Rome, pension annuelle.	6.000
Belmontet, bonapartiste zélé. On lui imprime ses vers. Il recommande des brochures dont on paye les factures, don.	1.000
La même année il demande la somme de	400
à M. Mocquart, cela pour lui éviter un protêt « toujours fâcheux » surtout « pour un homme public ». Il obtient une pension de.	6.000

Le comte de Birague réclame indéfiniment et vainement depuis 1862 le remboursement de 200.000 francs dépensés, dit-il, pour l'Empereur; il demande en outre la souscription impériale pour une édition de son ouvrage sur Napoléon Ier. Il finit par supposer que l'Empereur a pu être indisposé contre lui par la liberté qu'il a prise de lui signaler quelques corrections grammaticales dans les nouvelles éditions de ses œuvres. — *N'obtient rien.*

Payé à M. Paulin, facture d'*un cliché du talisman de Charlemagne* 12

Note datant du 29 avril 1846.

Envoi à M. Conneau de. 2.025

Immédiatement au-dessous de cette note, on lit :

Achat d'un foulard . . . 3 francs.
— d'une blouse. . . 5 fr. 25
— d'un bâton et d'un bourgeron. . . 3 fr. 50
— d'un pantalon . . 2 fr. 75
— d'une chemise . . 3 fr. 75
— d'un tablier et d'une cravate. . . . 2 fr. 50
— de potasse, cendre, braise, etc. . . 0 fr. 75

Or c'est le 25 mai 1846 que Louis-Napoléon, avec l'aide du docteur Conneau, s'évada du fort de Ham sous des habits d'ouvrier.

Du 8 décembre 1851, 6 jours après le coup d'État, M. Fleury réclame, pour que tout le monde ait reçu l'allocation, une somme de 4.000
répartie ainsi :

Pour le 3e léger, venu de Versailles : 1.000 francs; les infirmiers : 1.000 francs; les ouvriers d'administration qui ont gardé la gare du Ford : 500 fr.; le train des équipages : 500 fr.; la division des cuirassiers de Versailles, à raison de dix francs par homme : 500 fr.

Frère, ancien serviteur de l'Impératrice Joséphine, pension. 3.000

Mlle Maria Giroud de Villette, petite-nièce de la princesse douairière Lucien Bonaparte, artiste lyrique, ne cesse de réclamer des secours et au moins une compensation pécuniaire pour obstacles mis à sa carrière musicale.

Il lui est alloué un secours annuel de 300

Mais elle ne se tient pas pour battue et adresse une pétition au Sénat, où elle demande la permission d'actionner le préfet de police, les maires d'Auxerre, de Boulogne, de Douai, de Compiègne, le procureur impérial de Vichy, coupables d'avoir, *par ordre supérieur*, interdit ses représentations.

Miss Howard (dont la personnalité a fait l'objet d'un précédent chapitre) reçoit mensuellement 400.000 francs jusqu'à acquittement d'une somme de . . 4.800.000

Leconte de Lisle, pension 3.600

Mme Lerette, veuve *d'un homme mort en volant*, pension. 600

M. Charles Monselet, don 500

Un nommé Rother, Allemand ou Suisse, demande quelque argent pour son terme et pour payer des dettes contractées durant la maladie de sa femme. Il signe « le déjà reconnaissant ». Don. . . . 2.250

Mme T... (?) On trouve allouées à cette dame inconnue les sommes de 90.000, 30.000 et 80.000 francs toutes pour l'année 1857.

La mention *pour solde* indique qu'il

s'agissait d'un paiement convenu et une fois fait de 200.000

Un docteur Yvan demande à l'Empereur de quoi marier sa fille et habiller sa femme. Il ne fixe pas de chiffre. (*N'obtient rien.*)

A part les tapeurs de toutes les catégories, nous trouvons quelques lettres de tapeurs princiers dans le genre de celle-ci :

Sire,

Votre Majesté ayant quitté Paris sans m'accorder l'audience que j'avais sollicitée, je prends la respectueuse liberté de lui écrire en toute confiance.

Votre Majesté a bien voulu m'allouer 2.500 francs de plus par mois pour le temps que je passerais en Corse. Ce supplément, moitié de celui que Votre Majesté m'avait accordé d'abord, ne me permettait pas de vivre sur le pied que j'avais adopté...

... Le besoin d'activité qui est une loi impérieuse de mon organisation, me rappellera, le mois prochain, dans les Ardennes où j'ai loué des chasses. J'ai dû m'y caser tant bien que mal pour ne pas multiplier les dépenses; mais si Votre Majesté avait la bonté de me donner, dans les Ardennes, les 2.500 fr.

de plus qu'elle m'accorde en Corse, cela me permettrait une toute autre installation.

De Votre Majesté, Sire, le très dévoué cousin,

PIERRE-NAPOLÉON BONAPARTE.

Et pourtant, on ne peut pas reprocher à Badinguet d'avoir été parcimonieux avec sa famille. Le relevé ci-dessous le prouvera :

La famille Bonaparte Jérôme a touché pendant la durée de l'empire une somme de 37 millions.

La famille Bacciocchi, 10 millions.

La famille Bonaparte Lucien, 13 millions.

La famille Murat, également 13 millions.

C'est donc 69 millions que la famille Bonaparte a, sans autre titre que sa parenté avec le chef de l'État, sans utilité appréciable pour la France, prélevés sur la fortune publique.

XVII

Le cabinet noir. — Décachetage des lettres. — Facteurs des postes achetés et affiliés à la police secrète.

L'existence du cabinet noir a toujours été niée par le gouvernement de Napoléon III et cependant il existait. C'était là où les lettres des particuliers étaient décachetées. Le cabinet noir mettait même son nez dans les affaires de famille. D'ailleurs voici un extrait d'une lettre de M. de Persigny à l'Empereur qui nous fixe à ce sujet. Non seulement cette lettre prouve l'existence dudit cabinet, mais encore elle n'est pas à la louange de l'Empereur sur la façon d'agir de celui-ci avec son armée. On eût dit qu'il la désorganisait à dessein et on comprend que la Prusse ait profité de toutes ces faiblesses.

Sire

... Je n'ai pu vous dire mon impression sur la réduction de l'armée ; mais je ne crois pas qu'on ait fait faire depuis longtemps une faute plus grave à Votre Majesté. Quand on veut réduire l'armée et arrêter l'avancement dans tous les corps, on invoque de grandes considérations de politique européenne. Si l'armée se voit blessée dans ses intérêts, elle est du moins forcée de s'incliner devant de grandes raisons. L'intérêt public et son patriotisme lui imposent la résignation. Mais n'alléguer que des raisons vulgaires d'économie pour gagner douze à treize millions dans un budget de près de deux milliards, blesser à ce point l'armée, en vérité, c'est payer bien cher une économie de bouts de chandelles. Puis annoncer au monde que le pays est tellement obéré qu'il ne peut pas payer son armée, en vérité, je le regrette, cela me paraît être le comble de l'imprudence politique et financière. Décidément, ces deux hommes d'affaires, Fould et Rouher, par leur absence complète de sens politique, semblent conjurer votre perte.

J'aurais voulu vous parler aussi d'un sujet délicat. J'ai reçu des révélations au sujet du service de ce qu'on appelle le *Cabinet noir* par le chef de bureau.

Cet homme a besoin de son pain ; il ne faut donc pas révéler à ses chefs les observations qu'il m'a faites, elles intéressent le service de Votre Majesté. Si Votre Majesté venait à Paris, je la prierais de me faire donner une audience, mais pas à Compiègne, parce que cela fait trop de tapage dans le Gouvernement.

Je suis avec respect, etc.

PERSIGNY.

(Sans date.)

Le document suivant apporte une nouvelle preuve de l'existence du cabinet noir :

Décachetage des lettres.

Les facteurs de la poste :

Hennocq	desservant les rues de	Varennes
Decisy		Bellechasse
Busson		Saint-Nicolas-d'Antin
Houde		Caumartin
Thibault		Chaussée d'Antin

sont engagés à prix d'argent dans la police secrète du ministère de l'Intérieur dirigée par M. Saintomer.

Leur service consiste à livrer la correspondance des personnes qui leur sont désignées. Ils sont aidés pour cela par des concierges engagés comme eux dans la même organisation. Ils entrent à chaque distribution dans la loge de ces concierges, y déposent leurs lettres s'il y a lieu et viennent les reprendre à la distribution suivante. De cette manière, ils échappent aux soupçons, car ils peuvent être amenés chez ces concierges pour la remise des lettres destinées aux locataires de la maison. On ne connaît pas les aides des facteurs de la rive gauche. Ceux de la rive droite sont aidés par les concierges :

Pierre, rue d'Anjou, 9.
Orsier, rue d'Anjou, 3.
Pinsoi, rue d'Anjou, 53.
Niaux, rue de la Chaussée d'Antin, 2.

Les lettres reçues par ces concierges sont le plus souvent portées en voiture chez M. Saintomer, rue Las-Cases, 18, qui les ouvre, en prend copie s'il y a lieu, les remet en état, et remportées par le concierge qui les remet au facteur à la distribution suivante. On n'a pu savoir si le facteur qui dessert l'avenue Montaigne et l'avenue d'Antin est entré au service de la Direction générale de la sûreté publique. Si on a dû se passer de lui, on a eu évidemment le concours des concierges des maisons où se trouvaient les personnes dont on avait intérêt à lire la correspondance.

XVIII

Le voyage à Dieppe.
Un ministre qui l'échappe belle.

Après le mariage de Leurs Majestés Impériales, toutes deux témoignèrent le désir de faire un voyage en France, voyage bien légitime s'il en fût.

L'un était désireux de montrer à ceux qui lui avaient donné tant de preuves d'un dévouement et d'une persistance aveugles, en le nommant : député, président de la République et empereur, de leur montrer la nouvelle impératrice.

L'autre était également désireuse de se montrer impératrice des Français, quand elle n'avait été que jeune fille espagnole.

Le conseil des ministres, consulté à cet effet, s'y opposa par les motifs ci-après :

1° Les deux tiers des départements étaient en état de siège ;

2° Plus de 20.000 Français étaient en prison, ou exilés ;

3° Le mariage avec une Espagnole était antipathique dans les campagnes.

Saint-Arnaud, ministre de la guerre, combattit ces prétentions. Il voulait que l'Empereur voyageât au milieu des baïonnettes.

De Maupas, ministre de la police, voulait que toute la gendarmerie et toute la police de France fussent sur pied !

Ces idées furent chaleureusement combattues par le ministre des Finances, Fould.

MM. Piétri et Griscelli furent mandés chez de Persigny, ministre de l'Intérieur, qui les fit entrer dans son cabinet, et la discussion commença :

Le ministre de l'intérieur nous dit — c'est Griscelli qui parle — que Leurs Majestés Impériales voulaient voyager, n'importe où, et qu'elles voulaient s'absenter un mois !

Nous étalâmes la carte de France, et nous nous

arrêtâmes à Dieppe. Là l'Empereur devait prendre des bains de mer.

Dieppe fut approuvé, le lendemain, au conseil des ministres.

Le jour même, cent sergents de ville choisis furent habillés le plus élégamment possible. Ils devaient s'échelonner, deux par deux, à toutes les stations, pendant la route, pour exciter la population à se porter en masse afin de crier : *Vive l'Empereur ! Vive l'Impératrice ! Vive le Sauveur de la France !* etc., lorsque le train impérial viendrait à passer.

Puis ils devaient se rendre à Dieppe, se loger séparément et faire semblant de ne pas se connaître, à moins de cas graves. Ils devaient se promener sur la plage, aux bains, en amateurs.

Ce personnel recevait, outre les appointements, dix francs de haute paye.

Persigny, de son côté, pour gagner les paysans de la ville et des environs, partit de Paris, deux jours avant la cour, avec une corbeille de croix de la Légion d'honneur.

Le maire, deux adjoints, quatre conseillers municipaux, deux médecins, deux pharmaciens, les directeurs de l'hôpital, de la banque, du Mont-de-Piété, et presque tous les maires des communes rurales, reçurent le ruban rouge.

Cinquante mille francs furent distribués : aux bureaux de bienfaisance, aux couvents et aux pauvres de l'arrondissement. Tous les effets du Mont-de-Piété furent dégagés !

Aussitôt que ces préparatifs furent terminés, Leurs Majestés Impériales, M. et Mme de Montebello, le général Fleury et Tascher de la Pagerie partirent de Paris. A chaque station, des gens bien vêtus firent preuve de dévouement et de poumons, en criant selon le programme.

Malgré toutes ces croix et ces dépenses qui montèrent à des sommes énormes, la bourgeoisie aisée de Dieppe refusa de prêter ses filles vêtues de blanc, pour aller à la gare offrir un bouquet à la fille de Mme de Montijo. On fut forcé de prendre vingt orphelines dans les hôpitaux pour remplir cette partie du programme de la fête.

En 1831, quand Louis-Philippe se présenta pour rentrer à Dieppe, en allant à Eu, il fut reçu au milieu d'un charivari épouvantable et aux cris de : Vive la duchesse de Berry ! Vive Henri V ! A bas Philippe-Égalité.

Les compatriotes du grand Duquesne se souvenaient des bienfaits de la branche aînée, qui a laissé dans toute la Normandie le meilleur souvenir.

A six heures du soir, dès que le train impérial entra dans la station, une explosion formidable se fit entendre de :

« Vive le Sauveur de la France ! »

Les *gens bien vêtus* et les nouveaux chevaliers avaient gagné leur prime.

La voiture impériale fut entourée de jeunes filles, des nouveaux décorés et des baigneurs de Piétri, et accompagnée à travers la ville, aux cris de : *Vive l'Empereur ! Vive l'Impératrice !* jusqu'à la mairie. En y entrant, Napoléon aperçut de Persigny. Dans sa joie naïve, il alla directement à son ministre et lui dit :

— Écoutez ces cris d'allégresse ; ils nous accompagnent depuis Paris... Vous autres, ministres, vous méconnaissez la France bonapartiste !

L'empereur des Français, avec toute son intelligence, n'avait pas découvert la ficelle de Piétri qui, de Paris à Dieppe, le faisait marcher comme dans un décor d'opéra. Il ne se doutait pas que cet enthousiasme de commande coûtait à la

France, et aux contribuables, la somme assez rondelette d'un million de francs ! sans compter les accessoires, tels que fêtes, bals, steeple-chases, que les départements s'imposèrent pour fêter leur souverain.

Leurs Majestés, de plus en plus satisfaites de l'accueil de la population, complètement étourdies par le bruit, ne voyaient pas les cent agents à dix francs de haute paye. Ils donnèrent le lendemain 100.000 francs pour des travaux afin de faire un jardin que le crayon de la nouvelle souveraine voulut bien tracer. Tous les journaux officiels avaient envoyé leurs trompettes pour annoncer tous les jours à l'Europe les faits et gestes de la nouvelle cour.

Un régiment et un bataillon de chasseurs se succédaient tous les jours à la demeure impériale.

Dans une représentation de gala que le département donna à Leurs Majestés Impériales, et où tous les grands dignitaires du nouvel Empire furent convoqués, arriva un fait entre M. Fould et l'encombrant Griscelli qui mérite d'être rapporté.

Passons la plume à ce sbire redoutable :

Avant d'entrer au théâtre, l'aide de camp de service, M. de Montebello, m'ordonna de l'accompagner, afin de visiter la loge impériale. Dès que nous eûmes tout visité, le général me dit :

— Il faut placer deux hommes sûrs au-dessous de la loge. Aussitôt que Leurs Majestés Impériales seront rentrées, vous vous placerez à la porte et vous ne laisserez entrer qui que ce soit (pas même moi) sans ordre de l'Empereur.

Une heure après, la salle du théâtre de Dieppe offrait un aspect féerique. Les épaulettes et les broderies se mariaient aux toilettes ébouriffantes des grandes dames venues de la capitale, en compagnie des dignitaires impériaux... Les agents de police étaient éparpillés dans le théâtre.

Quelques instants après, la musique annonçait l'ouverture de la pièce que les acteurs de Paris allaient jouer. Pendant ce temps, je me plaçais à la porte de la loge impériale. A la fin du premier acte, tous les spectateurs se portèrent dans le corridor et faillirent m'étouffer, mais aucun d'eux n'osa toucher à la porte ; quand tout à coup M. Fould, ministre des Finances, arrive.

Je lui dis très poliment :

— Pardon, Excellence, mais je ne puis vous laisser entrer !

— Vous ne connaissez donc pas le ministre de

l'Empereur, dit M. Fould, blême de colère et en élevant la voix.

— Oui, monsieur le ministre, j'ai l'honneur de vous connaître, lui répondis-je, en le regardant en face, mais je connais encore mieux ma consigne !

A ces mots, beaucoup de dignitaires s'étaient arrêtés.

Le ministre eut alors un geste de mépris :

— Peuh ! une consigne de police !

Et il ouvrit la porte pour entrer. N'écoutant que ma colère, je le saisis par son grand collet de ministre, avec tant de force qu'il alla rouler dans le corridor au milieu de la foule, et, tirant mon poignard de sa gaine, je lui dis, en le toisant :

— Si vous n'étiez ministre, vous seriez cadavre (!).

La musique du second acte rappela les spectateurs dans la salle ; M. Fould ne reparut plus dans sa loge.

Alors chacun donnait son avis. On disait que Griscelli avait voulu assassiner l'Empereur pour faire proclamer le comte de Paris, etc.

Leurs Majestés Impériales voyant qu'il se passait quelque chose d'extraordinaire parmi les spectateurs appelèrent l'aide de camp de service. Je le mis au courant de l'affaire avant qu'il n'entrât dans la loge, d'où il sortit presque aussitôt, riant aux éclats, en disant que j'avais bien fait.

A la fin du spectacle, et lorsque je m'approchai de la voiture impériale, on se bousculait pour voir celui qui avait assassiné M. Fould.

MM. Persigny, Abbatucci et Piétri me donnèrent des poignées de main en me félicitant.

Le lendemain, M. Tascher de la Pagerie vint me dire de me trouver à 10 heures au salon de Leurs Majestés Impériales, où tous les grands dignitaires étaient réunis, pour une réception. A mon arrivée, tous ces personnages jetèrent les yeux sur moi, bien que presque tous fussent autour de Fould. Les dignitaires, qui ne m'avaient pas encore vu, me dévisageaient. LL. EE. Abbatucci et Persigny me regardaient en riant. Soudain l'huissier annonça à haute voix Leurs Majestés !

L'Empereur, après s'être assis, dit :

— Asseyez-vous, Messieurs !

Moi seul j'étais resté debout.

Sa Majesté me fit signe d'approcher. En arrivant à six pas du trône, je m'arrêtai.

Par ordre de l'Empereur, je fus obligé de dire tout ce qui m'était arrivé la veille au théâtre avec S. E. le ministre des Finances.

Je le fis, très lentement, et sans omettre un détail. Aux mots : Si vous n'étiez ministre, vous seriez cadavre, Napoléon regarda M. Fould puis me répondit :

— Et si M. le ministre, au lieu d'agir sagement

comme il l'a fait, eût persisté à vouloir entrer, qu'auriez-vous fait ?

— Je l'aurais poignardé sur le seuil de la porte, Sire.

— Bravo, mon garçon, cria derrière moi le maréchal Magnan.

Une hilarité générale, que partagèrent Leurs Majestés, répondit à l'impromptu du maréchal.

En me retirant, M. Mocquard, chef de cabinet, m'appela et me donna 2.000 francs, de la part de l'Empereur et 1.000 francs de la part de l'Impératrice.

M. Fould ne pardonna l'affaire de Dieppe que six ans après, dans une chasse à Fontainebleau, dont nous parlons d'autre part.

XIX

Aventures de deux Russes à la cour impériale. L'Empereur était bien gardé.

Tous les Parisiens du second Empire se souviennent encore du fameux camp de Satory, où le général Changarnier mettait aux arrêts et à la salle de police les officiers et les soldats qui ne criaient pas : *Vive la République !* Et où, également, le prince président de la République payait du champagne et du cervelas à la troupe pour faire crier : *Vive l'Empereur !*

Dans une des dernières revues que Louis-Napoléon passa à Satory avant la guerre de Crimée le policier Griscelli, cet homme étrange et mystérieux, était chargé du service de la police du

camp. Un monsieur, en compagnie d'une femme charmante, conduisant lui-même un attelage magnifique, persistait à vouloir suivre l'état-major, malgré l'ordre qu'on lui avait donné de se retirer, parce qu'il gênait les mouvements de l'armée.

Le chef de l'État voulant, avant le défilé, commander une charge de cavalerie, il fut décidé qu'on ferait évacuer le champ de manœuvres, afin d'éviter les accidents.

Laissons, ici, la parole à Griscelli, qui s'exprime avec un pittoresque tout militaire.

Je m'approchai à cheval du monsieur au phaéton, pour le prier d'obéir aux ordres de la police. Il me répondit qu'il n'avait pas de compte à me rendre, parce qu'il n'était pas à mes ordres. Pour toute réponse, je le fis arrêter par deux gendarmes et le fis conduire à Versailles, où on devait le garder dans la caserne de gendarmerie, jusqu'au soir. Après les manœuvres, je me rendis au quartier de gendarmerie avec M. de Rozan (officier de la garde impériale) pour faire mettre en liberté celui que j'avais fait arrêter.

En entrant dans la cour, nous fûmes un peu surpris, M. de Rozan et moi, d'apprendre que le mon-

sieur n'avait pas voulu descendre de voiture, tandis que la dame avait visité les chambres, la cuisine, etc. M'approchant du phaéton, je dis au prisonnier qu'il était libre. Il voulut crier à la tyrannie. Je lui dis :

— Si vous ajoutez encore un mot, je vous fais descendre de voiture, je vous fais mettre les menottes et conduire à Paris.

— Je ne dirai plus rien ici, permettez-moi seulement de vous remettre ma carte et de vous demander la vôtre. Je désire voir si vous êtes aussi insolent les armes à la main.

L'échange s'opéra.

Je lus sur sa carte :

M. F..., conseiller de l'empereur de Russie, conseiller d'État et rédacteur en chef du journal officiel de la Cour.

Ces titres et cette position officielle près du Tzar m'étonnèrent chez un homme qui criait à la tyrannie.

Après avoir dîné à Versailles, je me rendis à Paris.

En arrivant à ma porte, rue des Moulins, je vis une voiture qui attendait. Une jeune fille, en entendant prononcer mon nom chez le concierge, me prit par le bras et m'entraîna vers la voiture, en me priant de monter vite, parce que sa maîtresse, la comtesse de Gardonne, m'attendait avec impatience depuis longtemps.

— Votre maîtresse ! dis-je, mais vous vous trompez, mademoiselle, je ne connais pas la comtesse de Gardonne.

— Mais si, vous la connaissez bien, c'est la dame qui était aujourd'hui à Versailles avec le Russe.

Je m'élançai dans la voiture et je me laissai enlever par Ernestine !

Avant d'arriver rue de la Pépinière, n° 80, la camériste m'avait déjà mis au courant de bien des choses que je devais entendre dans la soirée. Elle m'avait aussi assuré que sa maîtresse n'était pas du tout mon ennemie.

Aussitôt que je fus descendu de voiture, un valet de pied, un flambeau à la main, vint me recevoir et me conduisit dans un salon richement meublé, et la dame de Versailles vint me prendre la main, me demanda pardon de m'avoir fait enlever par une jeune fille et me mena dans un boudoir, où la soie, l'or, le velours et le damas se mariaient harmonieusement. Là, me faisant asseoir à côté d'elle, très près d'elle, elle appela son Ernestine, l'embrassa pour m'avoir amené, et lui ordonna d'apporter du madère et des biscuits.

Ensuite, Mme de Gardonne me prit les mains et avec une expression que je n'oublierai jamais :

— Accordez-moi une grâce, monsieur, et comptez sur mon dévouement éternel.

— Je vous l'accorde d'avance, si je le puis.

— Eh bien! ne vous battez pas avec M. F... et demandez-moi tout ce que vous voudrez!

Et elle reprit :

— Tout ce que vous voudrez, parce que ma vie et celle de mon mari dépendent de ce duel!

— Tout ce que vous voudrez! lui dis-je en me jetant à genoux. Mais je ne puis me déshonorer. Et si ce duel doit briser mon avenir, eh bien, je me laisserai tuer!

— Non! monsieur; il ne faut pas que le duel ait lieu, parce que M. F... est mon am...

Ici, Mme de Gardonne s'interrompit, puis, avec un soupir :

Ah! ma position est bien critique! Mariée à vingt ans, monsieur, mon mari n'est resté que deux jours avec moi, puis il est parti pour Saint-Pétersbourg, où il est employé à la cour. Il m'a ordonné de recevoir, chez moi, tous les Russes de distinction qui demanderaient à me voir. En outre, je suis placée sous la tutelle d'un vieux diplomate russe K..., âgé de 71 ans, qui, pour une somme de 20.000 francs par an, me charge de lui porter sa correspondance secrète qu'il se fait adresser chez moi! Quant à M. le conseiller F., je l'ai rencontré ce matin à l'ambassade et il m'a priée de l'accompagner à Versailles pour voir le musée, que nous devions visiter après

midi. Vous savez mieux que moi ce qui est arrivé.

De tout ce babil féminin, une seule chose m'avait frappé : Je reçois chez moi la correspondance secrète de l'ambassade russe !

Une idée subite venait de jaillir dans mon cerveau, idée lumineuse que je mis immédiatement à exécution.

— Madame la comtesse, lui dis-je, j'ai trouvé le seul moyen qui puisse empêcher le duel et qui doublera en même temps nos appointements à tous deux.

La Russie vous donne 20.000 francs pour recevoir quelques lettres de peu d'importance. Je reçois, moi, en qualité d'agent secret, toute la correspondance intime des préfets. Je la mets à votre disposition.

Vous, en échange, vous me donnerez celle de l'ambassadeur de Russie.

Je n'avais pas terminé, que la comtesse de Gardonne me sautait au cou, en criant :

— Vous me sauvez !

Immédiatement elle fit apporter une bouteille de champagne. Le lendemain, à sept heures du matin, j'éveillai Piétri pour lui annoncer que, dans la journée, je lui apporterais la correspondance russe.

Il se leva, me regarda et me dit :

— Je te sais capable de bien des choses, mais je

ne crois pas que tu m'apportes jamais la correspondance russe.

Pendant que nous parlions de la comtesse, l'huissier apporta une lettre de l'ambassadeur du Czar, priant le préfet de police de lui fixer une audience pour affaire urgente. Il répondit qu'il serait à l'ambassade à huit heures et demie. Et nous partîmes tous deux. Après quelques mots entre le représentant de l'autocrate et Piétri, le conseiller russe raconta ce qui lui était arrivé de désagréable la veille à Satory.

Je répondis au lieu et place de M. Piétri, et tourné vers M. F... :

— Que feriez-vous, si je me présentais sur les bords de la Néva, en voiture, pendant que S. M. I. le Czar y fait faire des manœuvres, et alors que l'aide de camp de service vous ordonne de faire déblayer le terrain, parce que Sa Majesté Impériale commande une charge de cavalerie ?

— Je ferais comme vous, monsieur, et il me tendit la main.

— Alors vous ne vous battez plus, dirent Piétri et K..., le tuteur de Mme de Gardonne.

— Si fait, répondis-je. Si M. le conseiller accepte, nous nous battrons ce soir, à six heures, chez Douir (1), au Palais-Royal.

(1) C'était un des restaurants les plus réputés de l'époque.

La proposition fut acceptée.

Je laissai le préfet à l'ambassade et me dirigeai immédiatement rue de la Pépinière.

La comtesse m'attendait avec impatience, d'abord pour savoir le résultat du duel — ce qui l'occupait le plus, — ensuite pour me donner une lettre adressée à M. de K..., pour l'ambassadeur en personne. Je lui rendis compte de ce qui s'était passé à l'ambassade, sans oublier l'offre du dîner.

La comtesse ne put retenir sa joie et battit des mains comme une enfant.

— Je serai du dîner, me dit-elle, il m'invitera. En attendant, voici une lettre, dépêchez-vous de la faire lire, mais, pour Dieu ! qu'on prenne des précautions pour l'ouvrir. Rapportez-la-moi de suite, pour que je la remette à destination.

— Soyez sans inquiétude, madame, nous avons des employés adroits et intelligents.

Je courus aux Tuileries, où le préfet devait se trouver. Il était chez l'Empereur, auquel il avait rendu compte des incidents qui étaient arrivés à la préfecture. Dès que je m'annonçai, le préfet sortit, prit la lettre et rentra chez Sa Majesté Impériale. On appela de suite M. de Tibery, chef de bureau aux postes, professeur émérite dans l'art de décacheter et de recacheter les lettres. Quand l'opération fut terminée, Napoléon me fit entrer dans son cabinet, me rendit

la lettre et me donna 2.000 francs, en m'ordonnant de ne rien épargner pour cultiver la précieuse connaissance de la protégée de M. de K...

Une heure après, j'étais de retour chez la comtesse de Gardonne avec la lettre qu'elle m'avait confiée. L'opération avait été si habilement faite, qu'elle ne croyait pas que la lettre eût été ouverte.

Après le dîner chez Douir, nous nous rendîmes à l'Opéra. M. Piétri, dans son contentement, avait mis à notre disposition une loge en face de la loge impériale...

*
* *

M. Piétri écrivit aux préfets de France plusieurs lettres fausses, qui arrivèrent à mon adresse et que je m'empressai de communiquer à la comtesse. Celle-ci les transmit à M. de K... qui, après les avoir lues, augmenta ses appointements et lui recommanda de ne rien négliger pour cultiver une si précieuse connaissance.

Ce manège dura deux mois et nous procura, à la comtesse et à moi, beaucoup de satisfactions. Le comte de N..., chancelier de Russie, croyait si bien aux faux renseignements qu'il recevait sur l'état de la France, qu'il écrivit de sa main à la comtesse en lui envoyant un collier de 12.000 francs. Il lui recom-

mandait également de cultiver l'amitié de l'employé des Tuileries !...

Ah ! s'il avait pu se douter que celui qui avait eu le talent d'enlever les vérités de Saint-Pétersbourg, en échange des mensonges de Paris, n'était qu'un ancien berger corse ! Mais il occasionna à deux hommes d'État français bien des désagréments, à S. E. M. Drouyn de Lhuys, ministre des Affaires étrangères, et à M. Castelbajac, ambassadeur à Saint-Pétersbourg.

S. M. I. Napoléon, grâce aux lettres de la comtesse, savait, plusieurs jours avant son ministre, ce qui se passait à Saint-Pétersbourg. Il apprit ainsi l'envoi de Menschikoff à Constantinople, le passage du Pruth, etc., et il savait d'avance ce que M. K... avait à lui dire. M. Drouyn de Lhuys se plaignait de ces indiscrétions anticipées à l'ambassadeur de France à Saint-Pétersbourg.

Il lui reprocha d'avoir une double correspondance.

L'ambassadeur répondit avec aigreur et reprocha au ministre d'avoir, en Russie, un personnage pour l'espionner. Après bien des lettres échangées, tous deux donnèrent leur démission. Sa Majesté Impériale accepta celle de l'ambassadeur et refusa celle du ministre.

Lors de la déclaration de guerre entre les deux cours, K... partit, emmenant avec lui tous les attachés, ainsi que Mme de Gardonne. Griscelli accompagna celle-ci à la gare du Nord... Que de pleurs !... Quels regrets de quitter Paris !...

« Je ne vous reverrai jamais ! » furent ses dernières paroles au policier et elle se jeta à son cou... Elle disait vrai, car, un mois après, les frimas terribles de la Russie l'avaient tuée.

En 1863, lorsque le prince Czartorisky envoya Griscelli en mission à Varsovie, pendant l'insurrection de la Pologne, le Corse ne put, paraît-il, résister au désir d'aller prier sur la tombe de sa complice à Saint-Pétersbourg...

*
* *

Pendant les fréquents séjours que la cour faisait à Fontainebleau, il y eut tout particulièrement une grande chasse à courre, dont le rendez-vous fut donné aux Quatre-Chemins.

A l'heure désignée par le chef d'État, la cour y arrivait, escortée de soixante et quelques cavaliers et amazones. Plus de cent cavaliers en civil suivaient les premiers, qui étaient vêtus à *la Louis XVI.*

De nombreux cavaliers, qui n'étaient pas invités aux chasses impériales, mais qui pouvaient y assister sans tenue officielle, arrivèrent également au lieu du départ pour assister à une de ces réjouissances que les adeptes de Saint-Hubert savent seuls apprécier.

Parmi eux se faisait remarquer un jeune homme blond, montant un cheval pur sang, le maniant avec tant d'aisance et de facilité qu'il attirait les regards de toute la société.

Aussitôt que le garde général et le grand veneur eurent annoncé la levée du cerf, Leurs Majestés Impériales, les invités et tous les cavaliers se lancèrent au triple galop à la poursuite des chiens. Le jeune homme lança son cheval dans l'allée, dépassant non seulement ceux qui se trouvaient devant lui en civil, mais encore laissant derrière lui les chasseurs de la cour pour arriver près de l'Empereur.

Griscelli, qui était de toutes les parties et que nous rencontrerons presque toujours à côté du monarque, puisque, attaché à sa personne, il le suivait comme son ombre, se mit sur-le-champ à la poursuite de l'inquiétant cavalier en faisant signe aux aides de camp, qui marchaient derrière la cour, de serrer les rangs.

Le jeune homme blond, voyant qu'il ne pouvait plus se frayer un chemin pour atteindre son but, prit une allée transversale, afin d'arriver à la jonction en même temps que l'Empereur et l'Impératrice. Griscelli le suivit et, au milieu de l'allée, saisit la bride de son cheval :

— Où allez-vous, monsieur? qui êtes-vous?

— Je n'ai pas de compte à vous rendre, répondit l'impétueux cavalier.

Et, se dégageant, il menaça le Corse de sa cravache, mais Griscelli lui mit son pistolet sur la tempe en disant :

— Si votre cheval ne s'arrête pas, je vous fais sauter la cervelle.

MM. Fould et Nieuwerkerke ayant vu le geste, crièrent :

— Ne le tuez pas!

Le jeune homme, à l'approche des deux dignitaires, retrouva son arrogance et cria que l'agent impérial avait voulu l'assassiner, pour le voler peut-être !

M. Fould dit alors à l'inconnu :

— Remettez-vous, Monsieur, on n'assassine personne ici, mais monsieur que voilà est chargé de la surveillance de Sa Majesté, et tous nous avons remarqué que vous vouliez arriver jusqu'à l'Empereur... Or on veut vous en empêcher parce qu'on ne vous connait pas, et que vous n'êtes pas invité personnellement.

— Je ne puis être invité, attendu que mon ambassadeur, chez lequel j'ai dîné hier, n'a pu encore me présenter à la cour : je suis le prince de Menschikoff !...

A ce nom, les dignitaires de Napoléon s'inclinèrent.

— Mon prince, je suis fâché, s'excusa alors Griscelli, de ce qui arrive, mais ma consigne m'ordonne de ne laisser approcher de Sa Majesté que les personnes que je connais. Or, comme je suis esclave de cette consigne, ainsi que M. Fould le sait, je ne puis, malgré votre nom, vous laisser approcher de Sa Majesté, à moins que l'Empereur ne vous demande.

Sur ces entrefaites arriva le général Fleury, envoyé par l'Empereur. Fould le mit au courant de l'aventure en deux mots. Les assistants purent l'entendre dire au général :

— Ce diable de Corse ne connait que son devoir. Ne voulait-il pas nous pousser dans une nouvelle guerre avec le Czar !

Le soir, pendant la curée aux flambeaux, le policier put voir le jeune Russe causer familièrement avec l'Empereur et le comte Bacciochi.

Après la curée, le ministre Fould appela Griscelli dans son cabinet et lui donna deux mille francs en lui disant :

— M. Griscelli, l'affaire Menschikoff d'aujourd'hui m'a fait mieux comprendre l'incident de Dieppe. Vous aviez raison et j'avais tort.

— Merci, Excellence, répondit l'autre en sortant de la chambre.

Le lendemain, le prince moscovite frappait, à la porte du Corse et le remerciait de sa conduite de la veille, qui lui avait procuré une soirée agréable et une invitation pour toute la durée des chasses.

Il fut *le lion* des fêtes de Fontainebleau et de Compiègne, et, en retournant à Paris, il laissa ses pistolets ainsi que son poignard de chasse à celui qui, sans une intervention aussi rapide qu'opportune, allait peut-être lui casser la tête.

XX

Saint-Arnaud.

Le général Saint-Arnaud, après avoir été, pour vivre, acteur et professeur d'escrime à Londres, puis comparse au théâtre de la Porte-Saint-Martin, parvint — tout le monde le sait, et nous n'avons pas à examiner ici par quels moyens — au grade de Maréchal de France, Ministre de la Guerre, grand écuyer, commandant en chef de l'armée de Crimée, etc.

Le policier Griscelli écrit d'autre part ceci :

Alors qu'il était Ministre de la Guerre, il avait un jour accompagné l'Empereur à Vincennes, où Sa Majesté Impériale avait fait manœuvrer la garnison du fort et les capitaines qui, devant passer chefs de bataillon, apprenaient l'équitation. Après le défilé, vers quatre heures du soir, je suivis l'Empereur qui remontait le faubourg Saint-Antoine avec le général de l'Espinasse. Le souverain m'appela près de lui et me donna un pli en me disant :

— Voyez ce que c'est et ce qu'il y a à faire. Vous en rendrez compte à Piétri.

Après avoir quitté Sa Majesté au guichet de l'Échelle, je lus ce qui suit :

Sire,

Le général Athalin, aide de camp du Roi, que le peuple a chassé de Paris en 1848, *est à Paris depuis deux jours.*

Je sais qu'il cherche à corrompre des officiers de l'armée.

S'il approche de Vincennes, je le fais fusiller comme traître à la patrie.

Signé : DE BOURJOLY, *général,*
COMMANDANT *du fort de Vincennes.*

Après avoir pris connaissance de ce factum, je me rendis au Palais-Royal, pour demander un certain Dumoulin qui avait été valet de chambre du général.

Dès que je l'eus trouvé, je le priai de me donner l'adresse de son ancien maître.

Il me dit :

— Rue de la Chaussée-d'Antin, 45, mais il n'y est pas. Il est à Colmar, dangereusement malade depuis un mois.

J'en fus enchanté, pour le général Athalin d'abord, puis j'étais ravi de prendre en défaut le général de Bourjoly, qui se mêlait, pour faire du zèle, de ce qui ne le regardait pas.

Mais ce ravissement et cet enchantement disparaissaient devant la joie que j'avais de prouver à l'Empereur que rien n'était impossible pour arriver à la vérité.

En sortant du Palais-Royal, je me rendis rue de la Chaussée-d'Antin, 45, et demandai au concierge des nouvelles de la santé du général ; il me dit qu'il était très mal, et que plusieurs Orléanistes étaient partis pour Colmar. Muni de ces précieux renseignements, que j'eus soin de noter par écrit, je me fis conduire chez le préfet de police, à qui je remis le rapport au nom de l'Empereur.

En le lisant, Piétri devint pourpre de colère :

— Ah ! animal de général ! Est-ce qu'il voudrait une place de mouchard ?

— Le général Athalin est au lit, depuis un mois, dans son château de Colmar, c'est la vérité.

Piétri se réjouit de pouvoir prendre de Bourjoly en défaut.

Il m'ordonna de faire un contre-rapport et me pria également de venir le prendre à huit heures le lendemain, pour aller chez Saint-Arnaud.

— Je vais télégraphier au préfet de Colmar qu'il m'envoie les noms des orléanistes qui sont là chez le général, ajouta-t-il.

Le jour suivant, à huit heures et demie, nous entrions dans le cabinet du Ministre de la Guerre, qui, tout en nous recevant avec affabilité, fut fort étonné de nous voir arriver si matin. Il dit en riant :

— Tiens, les deux Corses qui viennent m'arrêter.

— Pour arrêter votre attention, répondit le préfet de police en lui passant les deux rapports et la dépêche.

Saint-Arnaud, grand, sec, nerveux, vif et emporté quelquefois, parcourut le rapport de Bourjoly et entra dans une si violente colère que ses veines se gonflaient.

Dès qu'il eut fini, il éclata comme une bombe :

— Misérable ! lâche ! soldat indigne d'appartenir à l'armée ! Mais vous ne savez pas ce que ce traître doit au général Athalin ? Sans lui, il serait encore le sous-lieutenant Bourjoly ! Il quittera Vincennes, ou je quitterai le ministère !

Puis, par un mouvement irréfléchi, il plia les rapports en nous remerciant, puis les mit sur son bureau.

Piétri, très tenace dans ses prérogatives, allongea la main pour reprendre ses rapports, mais Saint-Arnaud manifesta le désir de les remettre à l'Empereur.

— C'est moi, et non vous, dit le Préfet.

— N'insistez pas, monsieur !

Je voyais le moment où ils allaient se prendre aux cheveux.

Alors, avec une audace inouïe, je leur dis en me plaçant entre eux :

— Ce n'est ni l'un ni l'autre ! C'est moi, messieurs ! C'est à moi que Sa Majesté Impériale a donné la lettre, c'est donc moi qui dois lui rendre compte de l'enquête ? Et si j'en ai rendu compte à M. le Préfet, c'est parce qu'il est mon chef, mais je n'étais pas obligé. Si M. le Préfet vous en a parlé, c'est par égard à votre situation ; mais il était libre de le faire ou de ne pas le faire.

A mesure que je parlais, Piétri faisait tous ses efforts pour ne pas rire. Saint-Arnaud, dès que j'eus fini, me dit :

— Brigand de Corse, tu mériterais que je te fasse fusiller par le poste !

— Avant de donner cet ordre, vous y penseriez deux fois, monsieur le Ministre !

— Ah ! oui, je ne pensais plus au poignard que tu as montré à Fould !

Puis, tirant de sa veste un superbe poignard arabe :

— Mais nous en avons aussi des poignards ! dit Saint-Arnaud en riant.

Alors le Ministre me donna les rapports, son poignard et sa bourse, en ajoutant :

— Je désirerais que tous les employés de M. le Préfet te ressemblassent.

Le Moniteur du soir annonça que de Bourjoly était mis à la disposition du Gouverneur d'Afrique.

Le ministre de la Guerre avait tenu parole.

XXI

Lettres curieuses. — Un monsieur qui paie les dettes de l'Empereur. — Le jeune Cavaignac fait déjà de l'opposition. — Le repentir de Mlle Bellanger. — La ceinture de la Vierge.

Un certain monsieur Haranchipy de Rostaing écrit de Paimbeuf, le 16 juin 1870, à l'Empereur :

Sire,

En 1867, j'étais à Philadelphie dans une société où l'on vous insultait, j'ai fait mon devoir, et voulant qu'on respectât la France et celui qui la gouverne, j'ai remis, Sire, à Michel Bouvier, qui se prétendait votre créancier, une somme de 1.500 francs pour une fourniture de meubles pendant votre séjour dans ce pays. Ci-joint la quittance.

Je prie Votre Majesté de croire que je ne viens pas en réclamer le montant : je suis au-dessus de cela d'abord, ensuite incapable d'une pareille bassesse ; mon seul désir est de savoir si je n'ai pas été la dupe d'un infâme fripon.

J'ai l'honneur, etc.

A la bonne heure ! Des partisans comme celui-là on les compte. Mais au moins ce M. Haranchipy a-t-il été dédommagé ? C'est ce que les papiers ne disent pas.

La lettre qui suit est adressée par M. Victor Duruy, ministre de l'Instruction publique, au général Frossard, gouverneur du Prince Impérial, à l'issue de la distribution des prix du concours général de 1868 à la Sorbonne.

A cette cérémonie présidée par le Prince Impérial, le jeune Cavaignac refusa de monter sur l'estrade pour recevoir son prix.

10 août 1868.

Mon Général,

Mon fils me confirme que ces *chuts* indécents dont nous avons été blessés partaient d'un groupe d'élèves du lycée Bonaparte, ce nid involontaire d'Orléanistes (Jules Simon y a aussi ses enfants).

Il semble qu'après ce petit scandale, je dois ne proposer aucune croix à l'Empereur pour cette maison, où les professeurs devraient s'appliquer à prendre plus d'influence sur l'esprit de leurs élèves.

Les élèves aussi, du moins en grand nombre, à la réflexion, ont été blessés de ce que Cavaignac ait refusé de venir chercher son prix. Sa mère le lui avait défendu, a-t-il dit, mais elle l'avait envoyé en vue, sans doute, de provoquer une manifestation et elle y a réussi...

Votre tout dévoué,
V. Duruy.

Pauvre Cavaignac, si jeune et déjà obligé, de par son nom, à s'occuper de politique !...

Voici deux lettres curieuses. Elles furent découvertes dans les papiers particuliers de Napoléon, et émanent de Mlle Marguerite Bellanger, maîtresse de Napoléon, dont on parla beaucoup sous le second Empire.

La première ne porte aucune suscription :

Monsieur,

Vous m'avez demandé compte de mes relations avec l'Empereur, et quoi qu'il m'en coûte, je veux vous dire toute la vérité. Il est terrible d'avouer que je l'ai trompé, moi qui lui dois tout ; mais il a tant fait pour moi que je veux tout vous dire : je ne suis pas accouchée à sept mois, mais bien à neuf. Dites-lui bien que je lui en demande pardon...

Recevez, etc.

La seconde est ainsi rédigée :

Cher Seigneur,

Je ne vous ai pas écrit depuis mon départ, craignant de vous contrarier, mais, après la visite de M. Devienne, je crois devoir le faire, d'abord pour vous prier de ne pas me mépriser, car sans votre estime je ne sais ce que je deviendrais, ensuite pour vous demander pardon. J'ai été coupable, c'est vrai, mais je vous assure que j'étais dans le doute. Dites-moi, cher Seigneur, s'il est un moyen de racheter ma faute, et je ne reculerai devant rien ; si toute une vie de dévouement peut me rendre votre estime, la mienne vous appartient et il n'est pas un sacrifice que vous me demandiez que je ne sois prête à accomplir. S'il faut pour votre repos que je m'exile et passe à l'étranger, dites un seul mot et je pars. Mon cœur est si pénétré de reconnaissance pour tout le bien que vous m'avez fait, que souffrir pour vous serait encore du bonheur. Aussi la seule chose dont à tout prix je ne veux pas que vous doutiez, c'est de la sincérité et de la profondeur de mon amour pour vous. Aussi, je vous en supplie, répondez-moi quelques lignes pour me dire que vous me pardonnez...

Recevez, etc., etc.

Quel rôle a joué M. Devienne, premier président à la Cour de cassation, dans cette affaire ? Les papiers sont à ce sujet assez obscurs.

Toujours est-il que les lettres ci-dessus, qui furent livrées à la publicité, donnèrent lieu au décret suivant, paru dans *le Journal officiel* :

Le gouvernement dela défense nationale, considérant que, d'après des documents d'une nature probante et devenus publics, il résulte que M. Devienne, premier président de la Cour de cassation, aurait gravement compromis la dignité du magistrat dans une négociation d'un caractère scandaleux ; considérant que M. Devienne, mandé pour donner des explications, ne s'est pas rendu à l'invitation qui lui a été adressée; considérant que, placé à la tête du premier corps de la République, M. Deviennne est absent de Paris à l'heure du péril national ;

Décrète :

M. le premier président Devienne est déféré disciplinairement à la Cour de cassation, qui statuera conformément aux lois.

Fait à Paris, le 23 septembre 1870.

Pour le Garde des sceaux,
Le membre du gouvernement de la défense nationale,
E. Arago.

M. Devienne, de Bruxelles, où il s'était réfugié répondit à M. E. Arago une longue lettre où il se défendait avec indignation de s'être prêté à quelque marché scandaleux, et il ajoutait que cette accusation erronée émanait de ses ennemis politiques.

Un an après, un volume sur les Courtisanes de l'Empire paraissait à Bruxelles, sans nom d'auteur; on y relève le passage suivant :

Dans son roman, Mlle Marguerite Bellanger n'est pas plus accouchée à neuf qu'à sept mois ; elle s'est tout bonnement prêtée à une intrigue de cœur nouée par M. Mocquart et a endossé le fruit des amours de Napoléon III avec l'une des deux filles de M. H..., baron et haut fonctionnaire de l'Empire.

Cette curiosité, pour finir :

Lettre de M. Louvet, député, à l'Empereur, en date du 17 novembre 1855.

Sire,

L'église du Puy-Notre-Dame, près Saumur, possède une des plus précieuses reliques de la chrétienté. C'est une ceinture de la Sainte Vierge, donnée par Guillaume VI, duc d'Aquitaine, qui l'avait rapportée des Croisades. La tradition dit qu'elle fut tissée par Marie elle-même. Les archives de l'église du Puy et de nombreux documents historiques attestent l'authenticité de cette relique. Les rois de France ont eu de tout temps une grande foi en cette ceinture. Anne d'Autriche la portait à Saint-Germain-en-Laye dans l'année 1628, quand elle accoucha d'un prince qui fut Louis XIV. S'il vous plaisait, Sire, de placer Sa Majesté l'Impératrice sous la protection de cette relique pendant le grand événement qui va couronner votre bonheur domestique et consolider le repos de la France, je ne doute pas que le curé et Mgr l'Évêque ne s'empressassent de déférer au désir de Votre Majesté.

J'ai l'honneur, etc., etc.

XXII

La vérité sur l'affaire des faux billets de banque étrangers fabriqués par ordre de Napoléon Ier.

On a écrit que Napoléon Ier avait ordonné la fabrication de faux billets de banque anglais et russes, et que le gouvernement anglais avait dénoncé Napoléon faussaire au gouvernement de la Restauration. C'est vrai.

Enfin il a été dit également que Louis-Napoléon avait racheté des papiers qui établissaient le fait de la fabrication de faux billets par ordre de son oncle. C'est encore vrai.

Voici, à ce sujet, un résumé des pièces trouvées aux Tuileries, qui dissiperont tous les doutes.

Fragments d'une lettre du duc de Bassano à destinataire inconnu.

Monsieur,

J'ai à vous faire une communication d'une nature assez étrange. Vous jugerez si elle mérite d'être portée à la connaissance du Prince Président. Voici ce dont il s'agit :

Il paraît qu'en 1810 et plus tard, en 1812, avant la campagne de Russie, S. M. l'Empereur ordonna de fabriquer une quantité considérable de faux billets de la banque d'Angleterre et de celle de Russie. Cette fabrication, dirigée par le Ministère de la police, fut entourée du plus grand mystère et la gravure des planches fut confiée à un sieur Lale, graveur habile du dépôt général de la Guerre. A une époque qui n'est pas précisée, le sieur Lale adressa à un des frères de Sa Majesté un récit circonstancié de la part qu'il avait prise à cette opération ; il l'intitula : « Extrait du journal du travail de gravure qui m'a été confié pour le service particulier du cabinet secret de S. M. l'Empereur. »

Une des héritières du sieur Lale, Mlle de Montaut, sa nièce, se trouva en possession de ces pièces. Malgré le secret qu'elle garda scrupuleusement à leur sujet, leur existence ne resta pas ignorée. Des personnes hostiles aux gloires de l'Empire lui firent à plusieurs reprises l'offre de sommes importantes si elle voulait consentir à leur laisser ces pièces, auxquelles on se proposait de donner de la publicité. Mlle de Montaut ne voulut pas, par un sentiment de probité et de loyauté qui lui fait honneur, se prêter à ces perfides desseins. Elle refusa donc constamment, malgré l'état de gêne où elle vivait, les offres avantageuses qui lui avaient été faites. Elle résolut de ne jamais se dessaisir des documents que le hasard avait placés entre ses mains, si ce n'était pour les remettre fidèlement un jour à l'héritier de l'Empereur. Elle désire maintenant accomplir le devoir qu'elle s'est imposé et elle m'a prié de faire parvenir ces papiers au Prince.

Je m'acquitte de la mission qu'elle m'a confiée et je vous envoie ci-joint, monsieur, les trois pièces dont il s'agit...

Duc de Bassano.

Cette communication ne resta pas sans effet, car les pièces indiquées dans la lettre furent trouvées plus tard aux Tuileries.

Les voici :

Attestation du duc de Rovigo en date du 1er août 1810.

M. Lale étant chargé de dresser des cartes très

secrètes pour le cabinet de Sa Majesté, ne devra communiquer absolument avec qui que ce soit, excepté avec les artistes qui sont nécessaires à la confection de l'ouvrage.

Si, pour quelque motif que ce puisse être, un officier de police civil ou judiciaire se présentait chez lui, porteur d'ordres, de quelque nature qu'ils soient, M. Lale devra leur exhiber la présente réquisition, et il est expressément défendu audit officier de police de pénétrer dans le local où se fait le travail, de faire aucune question ou perquisitions qui y soient relatives ou qui puissent nuire au secret; mais, au contraire, de se retirer sur-le-champ auprès de l'autorité qui l'a envoyé, laquelle référera du tout à Son Excellence le ministre de la police soussigné et prendra ses ordres.

Fait à l'hôtel de la police générale de l'Empire.

Relation du sieur Lale.

Extrait du journal du travail de gravure qui m'a été confié pour le service particulier du cabinet secret de S. M. l'Empereur.

Il ne m'appartient pas d'approfondir les vues du gouvernement de cette époque, ni les motifs qui le forcèrent à adopter un pareil parti pour porter à ses nombreux ennemis un coup qui devait amener la ruine complète de leurs ressources financières; ce qui devait paralyser avec le temps le nerf des opérations militaires de leurs armées, et les forcer à respecter l'indépendance de la France, à lui procurer une paix durable qu'elle avait acquise au prix de la valeur de ses nombreux guerriers commandés alors par le plus grand capitaine de l'Europe.

Ma position, à cette époque, était de me soumettre aux ordres du gouvernement et de repousser avec indignation toutes propositions qui auraient eu pour but de prévenir les ennemis de la France des moyens que l'on employait contre eux.

Les ennemis de l'Empereur étaient ceux de la France et les miens; j'ai donc cru qu'il était de mon devoir d'obéir aux ordres du gouvernement et de rester silencieux; et malgré les circonstances malheureuses qui ont porté la désolation dans toute la France, ma plume n'a jamais été à la solde de ses ennemis.

Je suis resté calme et discret au milieu de la tempête; ma conscience ne me reproche rien.

Je passe maintenant aux divers travaux de gravure qui m'ont été confiés en ma qualité de graveur, directeur du travail ordonné par le gouvernement.

Ici Lale explique que, se trouvant en 1810 employé comme graveur d'écriture au Dépôt général de la guerre, ses loisirs lui permettaient, après les travaux du Dépôt, de graver pour le compte des particuliers.

Il reçut un jour la commande d'un travail qui offrait de très sérieuses difficultés. Le personnage qui lui avait fourni cette besogne, se montra émerveillé du talent de Lale et, se présentant de nouveau chez lui quinze jours après, pria notre homme de l'accompagner chez le libraire pour le compte duquel il avait soi-disant fait faire ce travail.

Comme ils passaient tous les deux devant l'hôtel du ministre de la police générale, le compagnon de Lale invite celui-ci à l'accompagner dans l'hôtel. Stupéfaction du graveur qu'on fait attendre une heure dans un petit salon où l'a abandonné son introducteur.

Enfin, après une attente pleine d'anxiété, Lale est conduit auprès du premier chef de division de la police secrète, qui lui dit avec bienveillance :

— J'ai à vous entretenir d'un travail qui va vous être confié et qui demande de votre part la plus grande discrétion. Vous allez être dépositaire d'un grand secret d'État. Il faut dans cette affaire beaucoup de désintéressement et ne point sacrifier l'intérêt du gouvernement au profit de ses ennemis, qui ne manqueraient point de vous abuser par de séduisantes promesses mais qui vous abandonneraient lorsqu'il s'agirait de nous rendre compte de votre félonie.

L'interlocuteur de Lale, M. Desmaret, sortit alors d'un tiroir une liasse de billets de la Banque d'Angleterre, il plaça sur son bureau l'épreuve de la planche que Lale avait gravée à côté de l'original, puis il dit :

— Il nous est démontré, d'après ce travail, que vous pouvez imiter ces billets ; ils sont gravés en taille-douce et paraissent offrir à l'œil moins de difficulté dans leur exécution que la page que vous avez gravée...

Et il ajouta :

— Ce travail sera de longue durée ; ce n'est qu'un commencement d'opération qui, par suite, doit en amener d'autres ; vous seul serez chargé de l'exécution de toute la gravure du cabinet secret de S. M. l'Empereur, et pour vous prouver combien est grande la confiance que nous mettons en vous, vous êtes chargé de nous faire connaître un imprimeur en taille-douce qui réunisse, sous le rapport de son état et de sa moralité, toutes les qualités nécessaires à une pareille opération.

Lale remercia M. Desmaret mais lui fit observer qu'il fallait la certitude de n'être nullement inquiété pendant l'exécution de ce travail.

M. Desmaret lui assura qu'il n'avait à s'inquiéter en rien.

Lale commença son travail, mais n'ayant pas reçu, pour être complètement à l'abri de toute éventualité, l'autorisation écrite du ministre, il insista pour l'obtenir. Et elle lui fut enfin accordée.

Quelque temps après, Lale fut convoqué par M. Desmaret, qui tira de son portefeuille une liasse de petits billets de banque de Prusse. Ils étaient grands comme des cartes à jouer.

Lale examina les billets; pendant cet examen, il réfléchit longuement. La Prusse était en paix avec la France. Cette idée lui sembla accablante et, de suite, il prit la ferme résolution de ne pas se charger d'une pareille besogne. Il pria cependant M. Desmaret de lui confier un des billets et il fit un rapport dans lequel il exposa l'impossibilité matérielle et morale de faire ce travail.

Ce dernier projet fut alors abandonné.

Enfin les faux billets de la banque d'Angleterre allaient sortir. Leur impression en taille-douce avait lieu jour et nuit avec une grande activité. Deux employés du ministère, assermentés, étaient chargés d'imiter les signatures; ils s'étaient exercés à ce travail pendant plus d'un mois, et ils avaient acquis une telle facilité qu'ils apposaient plus de mille signatures dans une journée Les billets étaient, après cette dernière opération, jetés sur le carreau d'une chambre remplie de poussière et retournés avec un balai de crin dans tous les sens; ils s'amollissaient, prenaient une teinte cendrée et paraissaient à l'œil avoir passé dans beaucoup de mains. On les liassait et, de suite, ils étaient expédiés au ministère, puis envoyés à divers ports de mer où les agents les faisaient passer en Angleterre. Quatre de ces agents furent arrêtés et punis de mort.

Un soir, l'imprimerie reçut la visite de Napoléon Ier et de Duroc, et, peu de temps après cette visite, l'ordre fut donné à Lale de ne plus graver de planches et de suspendre celles qui n'étaient qu'en train d'exécution.

Et Lale rentra au Dépôt de la guerre.

Quatre mois après, il était mandé de nouveau chez M. Desmaret.

— Vous allez être chargé, lui dit celui-ci, d'un travail important qui demande de votre part autant de discrétion que le premier, ce travail sera bien plus compliqué, mais il offre un avantage, c'est qu'il peut être morcelé, divisé, de manière à ne point être deviné de la part de ceux qui y seront employés secondairement. Vous n'êtes point sans avoir connaissance des bruits qui circulent dans le public sur la possibilité d'une guerre entre la France et la Russie, ils sont plus ou moins fondés ; d'ailleurs cela ne nous regarde point ; mais j'ai ordre du ministre de faire contrefaire les assignats et le papier de banque de la Russie, et de suite, nous allons nous mettre à l'œuvre. Vous êtes chargé spécialement d'imiter les signatures qui sont très compliquées ; le surplus sera gravé en caractères mobiles ; nous avons fait choix d'un des meilleurs graveurs de la typographie française ; c'est un conseiller d'État qui nous l'a proposé. Je puis compter sur la discrétion de cet artiste.

Lale apprit depuis lors que c'était le sieur Lelorgue, conseiller d'État, chargé de la statistique étrangère. C'était un homme fort laborieux qui se couchait comme l'Empereur à minuit et était levé le plus souvent à quatre heures du matin.

Lale se mit donc à ce nouveau travail. Le tirage de ces valeurs dut être considérable, puisque Lale y travailla jusqu'à l'époque des revers de l'armée française en Russie.

Il fut question aussi de papiers d'Espagne, mais ce projet n'a pas eu de suite.

A partir de ce moment, Lale ne fut pas tranquille; à chaque succès de l'ennemi, son anxiété augmentait. Il était inquiet de l'avenir, c'est ce qui le détermina à mettre au net le journal de ses opérations. Il pouvait être compromis aux yeux des alliés; la moindre indiscrétion pouvait les instruire de ce qui s'était passé. Il risquait d'être arrêté.

Au moment de l'invasion de la capitale, quelle dut être sa position ? Ceux qui avaient le plus gagné dans cette affaire s'expatrièrent, et il resta seul au milieu des étrangers, ennemis de son pays, qui pouvaient d'un moment à l'autre se saisir de sa personne.

Deux jours après la prise de Paris, il lui prit l'idée d'entrer au Dépôt de la guerre. Il trouva la grande cour occupée par des troupes russes qui servaient d'escorte à un grand nombre d'officiers russes de l'état-major de l'arme du génie. Il n'était pas plutôt entré qu'un officier, qui se tenait près de la porte, lui demanda qui il était.

Ce fut le portier qui répondit : « Monsieur est un de nos graveurs d'écritures, il y a dix ans qu'il est attaché à l'administration en cette qualité. »

— Eh bien, monsieur, fit l'officier en se tournant vers Lale, très anxieux de s'être imprudemment présenté au Dépôt de la guerre, soyez le bienvenu, je vais vous présenter au général.

Et il conduisit Lale près de l'officier.

— Monsieur, lui dit le général, vous devez avoir connaissance de la disparition des objets qui se trouvaient ici avant la prise de Paris. On m'a assuré qu'il y a à peine cinq jours que ces effets ont été emportés. Il se trouvait au dépôt une grande quantité de dessins précieux, de planches gravées et une fort belle bibliothèque. Tout a disparu. Veuillez nous donner les renseignements dont nous avons besoin.

Lale assura au général qu'il avait été induit en erreur, qu'il y avait déjà plusieurs mois que la majeure partie des dessins et des cuivres avait été envoyée au delà de la Loire, que ce déplacement avait eu lieu lors du premier mouvement du général Blücher sur les plaines de la Champagne, un peu avant les affaires de Champaubert.

Et Lale se tira le mieux qu'il put de cette situation embarrassante.

Or les renseignements donnés au général étaient exacts : le déplacement des objets avait eu lieu trois jours avant l'attaque de Paris; tous les dessins, planches et livres avaient été renfermés dans des caisses, le tout recouvert de toiles imperméables et déposé dans deux bateaux qui se trouvaient au port Saint-Nicolas. Le général Bacler d'Albe, directeur du Dépôt, avait apporté une telle prévoyance dans le déplacement des objets précieux que renfermait le Dépôt qu'en moins de trois nuits tout fut encaissé et transporté sur des haquets jusqu'aux bateaux. Ces bateaux étaient à soupapes fort heureusement, car sans cette précaution le tout serait tombé au pouvoir de l'ennemi en cas d'attaque.

Les bateaux furent dirigés sur la ville de Rouen ; c'est grâce à la prévoyance du général Bacler d'Albe que tant de pièces compromettantes échappèrent à l'ennemi.

Le gouvernement retrouva, après le départ des alliés, tout ce qui avait été embarqué, aucune avarie ne se faisait remarquer, tout fut retiré des caisses sans avoir subi la moindre altération.

Au curieux mémoire de Lale résumé ci-dessus est annexée la déclaration suivante :

Je reçus, après ma mise à la retraite, la visite de M. Dentu père, libraire imprimeur du journal *le Drapeau Blanc* et l'un des actionnaires de ce journal. Il avait eu des relations d'intérêt avec moi à une époque bien antérieure à la première invasion des alliés ; il apprit à son grand étonnement que j'étais retraité. Il conçut le projet de mettre à profit cet événement pour obtenir de moi le journal de mes opérations de gravure pour le service du cabinet secret de l'Empereur.

Dentu était un caméléon politique qui était devenu plus royaliste que le roi ; c'était un fanatique réactionnaire.

— Vous pouvez, me dit-il, réparer la perte de votre place en prenant le parti que je vais vous indiquer. Faites-moi un mémoire de vos opérations de gravure pendant le temps que vous avez été employé pour le service du cabinet secret de Bonaparte ; je vous l'achèterai et je vous intéresserai dans le produit de la vente ; ce mémoire aura un succès prodigieux. Vous participerez aux encouragements de la police qui en fera son affaire et vous fera rentrer en grâce au dépôt de la guerre ; j'ai de grandes protections ; je vous réponds du succès de mes démarches.

Je répondis à M. Dentu que je n'étais point un homme de lettres.

Je vous adjoindrai, répliqua-t-il, un auteur bon royaliste, qui vous aidera dans votre rédaction.

Mais je tins ferme, et il se retira confus de n'avoir point réussi dans le projet qu'il avait médité d'attaquer le gouvernement impérial dans la personne de l'Empereur et d'entasser calomnie sur calomnie pour achever de le perdre dans l'opinion.

. . . .

Ni la perte de ma place, ni les persécutions que m'a fait éprouver le parti réactionnaire ne m'ont fait dévier dans la résolution que j'ai prise de ne jamais révéler ce qui était à ma connaissance pour ce qui a rapport aux opérations de gravure pour le service du cabinet de Sa Majesté ; malgré les avantages que j'aurais pu en retirer à diverses époques, j'ai préféré attendre le moment où il ne me serait plus possible de me procurer par l'exercice de ma profession de quoi satisfaire aux plus pressants besoins de la vie.

Le moment que j'avais prévu est arrivé, ma main n'a plus la sûreté nécessaire pour bien graver, ma vue devient faible; ma carrière s'avance en raison de mon âge avancé ; je me vois donc forcé de donner, quoique à regret, connaissance à la famille de feu l'Empereur de ce mémoire qui doit lui donner à connaître le prix de ma discrétion et de mon dévouement à la personne de Sa Majesté Impériale.

Si ce désintéressement et cette discrétion ne sont point assez méritoires à leurs yeux, le mémoire reprendra la place qu'il a occupée pendant vingt-six ans et il ne deviendra point de ma part la proie des ennemis de l'Empereur et de son illustre famille.

Et la postérité ne transmettra point aux générations futures une opération qui doit être ensevelie pour toujours dans un éternel oubli puisqu'elle avait pour objet de ruiner les peuples pour appauvrir les rois.

XXIII

Conseil de régence en prévision de la mort de l'Empereur.

Voici une pièce qui fut saisie chez M. Rouher, président du Sénat. Elle était dans une enveloppe, sur laquelle l'Empereur avait écrit ces mots : *Lettres patentes nommant le Conseil de régence*, et datait du 7 octobre 1869, alors que Napoléon était gravement malade.

Lettres patentes.

Voulant user du droit qui nous est conféré par le sénatus-consulte du 17 juillet 1856 concernant la régence de l'Empire, nous nommons par ces présentes les membres du Conseil de régence.

1° Pour le cas où l'Impératrice serait appelée à exercer la régence.

2° Pour le cas où, à défaut de l'Impératrice, la régence serait dévolue au prince Napoléon (Jérôme).

Dans le premier cas, c'est-à-dire celui où l'Impératrice serait régente, le Conseil de régence sera composé de huit membres, et nous nommons pour en faire partie :

1° . A. I. le prince Napoléon ; 2° M. Rouher, président du Sénat; 3° le premier président de la Cour de cassation qui sera en fonction au moment de la régence ; 4° le ministre de la Guerre en fonctions à cette époque; 5° l'amiral Rigault de Genouilly ; 6° le duc de Persigny ; 7° l'archevêque de Paris ; 8° le marquis Lavalette.

Dans le second cas, celui où le prince Napoléon (Jérôme) serait régent, le Conseil de régence sera composé de dix membres, et nous nommons pour en faire partie :

1° M. Rouher, président du Sénat ; 2° le premier président de la Cour de cassation en exercice ; 3° M. le duc de Persigny ; 4° l'archevêque de Paris ; 5° le marquis de Lavalette ; 6° le ministre de la Guerre en fonctions à cette époque ; 7° l'amiral Rigault de Genouilly ; 8° M. Jérôme David ; 9° M. Laity;

10° le commandant de l'armée de Paris en exercice.

Les membres du Conseil privé qui existe aujourd'hui, et dont les noms sont omis dans le présent acte, ne font pas partie du Conseil de régence.

A défaut de la régence de l'Impératrice, la garde du Prince Impérial ou, pour mieux dire, de l'Empereur mineur est confiée à M. le général Frossard.

Fait au Palais de Saint-Cloud, le 7 octobre 1869.

NAPOLÉON.

XXIV

Note sur l'étiquette à observer avec la reine Victoria.

Les questions d'étiquette ont toujours été soigneusement étudiées par Napoléon III. Il s'inspirait de celles qui avaient été observées aussi bien dans l'histoire de la monarchie que sous Napoléon Ier.

Voici à ce sujet un mémoire daté du 3 août 1855. Il n'y aurait rien d'étonnant qu'il eût été dicté par l'Empereur.

« On n'a pas d'autre exemple du voyage d'un souverain de l'Angleterre en France que celui du roi Henri VIII qui s'est rencontré avec François Ier au camp du Drap d'or.

Calais et Guines n'appartenaient plus à la France à cette époque. Le roi François Ier était allé à Montreuil pour y passer les fêtes de Pâques quand le roi Henri VIII débarqua à Calais et se rendit à Guines avec la reine d'Angleterre. François Ier n'alla pas au-devant de Henri VIII ; il alla seulement s'établir à Ardres.

Le roi d'Angleterre lui envoya une ambassade ; le roi de France en envoya une au roi d'Angleterre, puis des visites furent échangées. Ce fut le roi Henri VIII qui fit la première.

Cette rencontre au camp du Drap d'or n'offre aucun rapprochement qui puisse devenir utile dans la circonstance présente et fournir, de près ou de loin, quelque indication sur le cérémonial à observer.

Recherchons des exemples modernes.

Au mois d'août 1845, la reine Victoria voulut, accompagnée de son époux, visiter le berceau du prince Albert et faire une visite au château de Cobourg.

Elle devait naturellement passer par les provinces rhénanes de la Prusse, mais elle ne se proposait pas de visiter Berlin. On avait alors des inquiétudes politiques dans la capitale de la Prusse, et le roi, voulant aller au-devant de la reine d'Angleterre, s'écartait avec peine de

Berlin. Il se mit cependant en route pour les provinces rhénanes et se rendit, en compagnie de la reine de Prusse et de la princesse de Prusse, au château de Stolzenfels, situé près du Rhin, et qui servait de résidence habituelle au prince de Prusse.

Il ordonna que, dès son entrée sur le territoire prussien, la reine Victoria fût fêtée, et il consacra pour tous les frais de cette réception quatre cent mille *thalers*.

La reine s'était mise en route avec lord Aberdeen, son ministre des Affaires étrangères, lord Liverpool, lady Gainsborough et lady Canning.

Le 10 août, elle était à Bruhl et assista à une fête dans le château.

Le 11, elle arrivait à Aix-la-Chapelle.

C'est là que le roi de Prusse vint au-devant d'elle, au débarcadère. Il était, ainsi que toute l'assistance, à l'exception des aides de camp, en habit civil.

Le roi conduisit sur-le-champ la reine d'Angleterre au château de Stolzenfels où elle fut traitée avec splendeur et ne demeura que trois jours.

Il est à remarquer que cette reine eut, dans cette réception, le vif déplaisir de voir son mari traité en simple prince de troisième classe et ne jouissant que de l'Altesse. Cette étiquette lui fut particulièrement odieuse, et elle eut beaucoup de peine à ne pas le faire sentir au roi son hôte.

Le roi n'a pas reconduit la reine Victoria, il s'est rendu sur-le-champ à Berlin, dont la fermentation était menaçante.

On peut citer encore la rencontre de l'empereur Nicolas avec le jeune empereur d'Autriche en septembre 1853.

L'empereur François-Joseph, quelles que fussent les obligations de l'Autriche envers la Russie, n'alla point au-devant de l'empereur Nicolas. Il se borna à l'aller rejoindre à Olmütz, où celui-ci s'était arrêté ; mais il le reconduisit jusqu'à la frontière des États autrichiens.

Ces deux rencontres ne donnent pas des enseignements bien nets pour la circonstance qui se prépare. La France est d'ailleurs, en matière de courtoisie, habituée plutôt à donner des exemples qu'à en recevoir.

Jusqu'où l'Empereur ira-t-il au-devant de la reine de la Grande-Bretagne, si Sa Majesté y va en personne ?

Ou bien l'Empereur attendra-t-il la reine à

Saint-Cloud, se bornant à faire recevoir cette princesse au port de débarquement par S. A. I. Mgr le Prince Napoléon, qui serait chargé de la convoyer à Saint-Cloud ?

D'un côté, il est à remarquer que le Prince Albert, qui est venu au-devant de l'Empereur et de l'Impératrice, n'est pas roi ; il n'est qu'Altesse Royale, il n'est que le mari de la reine.

En outre, la reine d'Angleterre ne s'est pas approchée de sa capitale, bien que la présence de notre Impératrice, dont la dignité, si elle n'est pas souveraine, est bien supérieure à celle du Prince Albert, eût pu lui conseiller d'ajouter à la politesse du cérémonial qui avait été adopté sur ce point.

Mais, d'un autre côté, ce n'est point d'une visite politique qu'il s'agit mais d'une visite purement courtoise, et à laquelle il est naturel, nécessaire, en France surtout, de répondre par une courtoisie qui ne marchande sur aucun détail d'étiquette. En même temps que la reine, il faut voir la femme. Toute politesse qui sera dans nos mœurs sera de bon goût et n'aura rien qui puisse compromettre la dignité du pays dans la personne du souverain en qui elle se résume parce que les infractions d'étiquette sont sans conséquence envers une femme.

Si, dans les relations ordinaires de la société, c'est toujours l'homme qui, en toute circonstance, va au-devant de la femme, de même doit-il en être de souverain à souveraine; et si le Parlement britannique a permis à sa reine de faire, sur le continent, une visite à son auguste allié, nul doute qu'il ne s'attende à la voir accueillie d'une manière toute française, et que les citoyens des trois royaumes ne soient tous sensibles à ce que le souverain de la France pourra prodiguer de gracieuses attentions à la reine qu'ils nous confient.

Il semble donc que l'Empereur peut dédaigner l'étiquette dans cette occurrence, et que toute infraction à l'étiquette des souverains tournera au profit des convenances personnelles, des sympathies internationales. Le Prince Albert, qui est venu à Douvres au-devant de Leurs Majestés, n'est pas roi, mais il l'est en quelque sorte aux yeux de la reine d'Angleterre.

Rehausser son rang devant elle, c'est lui complaire, et le bon goût est ici d'accord avec l'hospitalité impériale. »

XXV

La censure sous le second Empire. — Rapports sur *la Marseillaise* et divers ouvrages dramatiques.

Nous avons détaché, parmi une grande quantité de rapports, ceux qui nous paraissent le plus intéressants, car ils donnent une idée des réserves imposées aux auteurs.

Le plus typique de ces rapports concerne *la Marseillaise*. En voici quelques fragments :

Palais des Tuileries, le 13 juillet 1870.

Le directeur de l'Eldorado demande à faire chanter *la Marseillaise* dans son établissement.

On ne peut pas se dissimuler que cette autorisation spéciale accordée entraîne une autorisation générale et que, presque instantanément, comme une traînée de poudre, l'hymne célèbre va retentir sur tous les théâtres et sur les innombrables scènes de cafés-concerts qui pullulent dans Paris et dans ses faubourgs.

Aussi, est-ce à un point de vue général que la question nous paraît devoir être examinée.

Il y a deux choses dans *la Marseillaise*, *la Marseillaise* telle qu'elle a existé, telle qu'elle est encore, à ne prendre que le sens exact du texte, *la Marseillaise* telle qu'elle est devenue par l'interprétation haineuse des partis.

La Marseillaise, si on ne veut voir que le chant lui-même, si on se reporte dans le milieu qui l'a vu éclore, si on reste enfin dans les sphères historique et artistique, *la Marseillaise* est le chant français par excellence. C'est son rythme entraînant qui, aujourd'hui encore, pousse les soldats à la victoire, comme en 92 il faisait voler les enrôlés à la frontière. Ce caractère héroïque et grandiose de l'œuvre est indiscutable. Malheureusement *la Marseillaise* patriotique n'existe plus pour les hurleurs de la rue, les passions des partis en ont travesti le sens. *La Marseillaise* est devenue le symbole de la révolution; ce n'est plus le refrain de l'indépendance nationale et de la liberté, c'est le chant de guerre de la démagogie, c'est l'hymne de la république la plus exaltée. Que la rue soit en mouvement, qu'une réunion publique fermente, qu'une barricade tente de se former, que l'atelier ou l'école s'agite, c'est le rugissement de *la Marseillaise* qui retentit. Les musiques militaires ne la jouent plus, les tribunaux condamnent les perturbateurs qui, dans la rue, font de ce chant un cri séditieux ; le plus irréconciliable des journaux s'arme de ce titre comme d'un défi à la paix publique ; à Londres, si les réfugiés du monde entier fêtent, à l'ombre du drapeau rouge, quelque éphéméride républicaine, c'est au refrain de *la Marseillaise* que se portent les toasts ; tout enfin à Paris, en France, à l'étranger, a concouru à faire de ce chant, magnifique souvenir d'une des crises glorieuses de notre pays, le refrain le plus entraînant de la révolution européenne.

Y a-t-il lieu de laisser chanter aujourd'hui *la Marseillaise* ?

Deux opinions se trouvent en présence.

Des personnes pensent que le gouvernement, par l'autorisation générale, complète, hautement avouée et même patronnée de *la Marseillaise*, enlèverait de suite au chant une partie de son caractère d'hostilité et, sans que cette habileté désarmât les factions révolutionnaires, elle atténuerait du moins instantanément la valeur et la portée d'un de leurs moyens d'action. Le public, n'étant plus alléché par l'attrait du fruit défendu, envisagerait l'œuvre d'une façon plus calme et plus intelligente, et les impressions mêmes produites par la sauvage énergie du refrain se modifiant peu à peu, les uns cesseraient peut-être bientôt d'en faire un épouvantail, tandis que les autres, s'accoutumant à l'entendre, ne s'en troubleraient plus.

D'autres personnes, au contraire, croient que, dans l'état actuel des esprits, l'exécution multipliée de *la Marseillaise* dans tous les lieux publics serait une cause nouvelle et dangereuse d'excitation. Son caractère exclusivement révolutionnaire est trop universellement connu et accepté aujourd'hui pour espérer que la générosité du gouvernement le modifie en rien. A voir de quel enthousiasme, vrai ou factice, sont accueillies les quelques mesures intercalées dans des chansons, on peut préjuger de l'effet produit par l'œuvre elle-même.

Entre ces deux opinions, la commission d'examen penche pour la dernière, surtout dans les circonstances actuelles.

Nous pensons qu'avec l'effervescence que les partis extrêmes entretiennent dans les classes et dans la jeunesse, à la veille des réunions publiques et d'un vote (1) qui vont remuer la France entière, *la Mar-*

(1) Le vote du plébiscite.

seillaise courant de salle en salle, de ville en ville, profitant de l'autorisation même pour déborder impunément dans la rue, ne peut être qu'un ferment révolutionnaire de plus. Nous craignons que cette cause, secondaire sans doute, mais assez vive pourtant, de trouble et d'émotion, venant se joindre à toutes celles qui existent déjà, pour les entretenir et les aviver, ne desserve, au profit de l'agitation républicaine et socialiste, la cause de l'ordre et de la liberté.

Et c'est ainsi que fut interdit le chant sublime aux accents duquel le peuple français conquit ses premières libertés.

Rapport sur *la Fronde*, opéra en 3 actes. — Académie de musique.

Décembre 1852.

... Cet opéra nous a paru être, contre l'intention bien évidente des auteurs et par la nécessité du sujet, imprégné d'un sentiment de révolte qui nous semble n'être pas sans inconvénient, même à l'Opéra; de plus, nous regardons comme dangereux, sur tous les théâtres, la mise en scène d'émeutes, les cris : *Aux armes!* etc...

Rapport sur *la Mère Moreau*, pochade en 1 acte. — Palais-Royal.

Juillet 1852.

... Nous avons pensé que le personnage d'un agent de l'octroi, mis en scène d'une manière grotesque, pourrait avoir quelques inconvénients...

Sans commentaires n'est-ce-pas !?!

Autre observation à peu près analogue :

Poste Restante, 1 acte.

Juin 1852.

Nous avons fait disparaître toute connivence de l'employé de la poste avec Robillard, qui fait retirer la lettre adressée à M. Frédéric par un frotteur qui porte aussi le nom de Frédéric...

Un Regard du Ministre, 1 acte. — Variétés.

Juillet 1854.

Nous proposons l'autorisation moyennant le changement de titre qui ne nous paraît pas admissible.

Michel Perrin, 2 actes.

Mars 1853.

Ce vaudeville, joué pour la première fois au Gymnase en 1834, par conséquent sans examen préalable, a eu une longue série de représentations.

Chargés de revoir la pièce qui doit être reprise au théâtre des Variétés, nous avons cru devoir faire à l'auteur quelques observations sur la partie de l'ouvrage qui touche au ministère de la police et à la police en général...

Ouvrons une parenthèse pour faire remarquer au lecteur que la pièce, telle quelle, avait été jouée sous Louis-Philippe. A cette époque, on n'avait pas cru devoir faire d'observations. Le gouvernement impérialiste se montra donc, vingt ans plus tard, moins tolérant. Continuons :

Il ne nous a pas paru convenable que le ministre dît de ses employés, *qu'ils se vendaient tous pour un écu; qu'ils ne faisaient que des maladresses; qu'il fallait toujours promettre leur grâce aux accusés, sauf à ne pas tenir; qu'on aurait besoin d'une bonne petite conspiration; que les agents n'auraient pas l'esprit de la faire, etc., etc.*

Lorenzaccio, drame en 5 actes, d'Alfred de Musset. — Odéon.

28 juillet 1864.

... Nous ne croyons pas que cette œuvre, arrangée

telle qu'elle est, rentre dans les conditions du théâtre. Les débauches et les cruautés du jeune duc de Florence, Alexandre Médicis, la discussion du droit d'assassiner un souverain dont les crimes et les iniquités crient vengeance, le meurtre même du prince par un de ses parents, type de dégradation et d'abrutissement, nous paraissent un spectacle dangereux à présenter au public.

En conséquence, nous ne croyons pas qu'il y ait lieu d'autoriser la pièce de *Lorenzaccio*.

Disons en passant que deux autres pièces d'Alfred de Musset furent repoussées : *le Chandelier*, pour cause d'immoralité, et *André del Sarto*.

Paris, drame historique en 26 tableaux. — Porte Saint-Martin.

19 juillet 1855.

... Nous avons demandé que la pièce se terminât avant la Révolution, ou qu'un tableau final fût consacré à Napoléon Ier.

Le directeur est entré pleinement dans nos vues, mais il s'est trouvé en présence des résistances de l'auteur, M. Paul Meurice. Il a passé outre (jolies mœurs !) et il a supprimé ou modifié les tableaux sus-mentionnés; il a fait faire un tableau final représentant Napoléon Ier distribuant les aigles au champ-de-Mars...

Diane, drame en 3 actes, par Émile Augier. — Comédie-Française.

3 février 1852.

Dans cette pièce, les deux rôles dominants sont ceux de Richelieu et de Diane. La jeune fille flétrit si énergiquement l'assassinat d'un homme dont la vie est nécessaire à la France que les inconvénients d'une conspiration nous paraissent couverts par l'effet général de l'ouvrage.

Ce drame, au surplus, a été lu directement et verbalement autorisé par le prédécesseur de M. le ministre, mais le visa n'a point été donné! (Quel rond-de-cuir zélé que ce censeur!)

Toutefois, un pareil sujet ne peut être traité, quels que soient les bonnes intentions, la prudence et le talent de l'auteur, sans qu'il surgisse des possibilités d'allusion que nous devons signaler à la haute appréciation de M. le Ministre par la citation de quelques passages...

Acte II. Scène III

Entre les conjurés.

Depuis :

Tuons le Cardinal, une fois le coup fait,
Nous irons à Sedan en attendre l'effet;

Jusqu'à

Qui perd du temps perd tout contre un tel adversaire,
Sa mort est juste enfin puisqu'elle est nécessaire.
. . . .
Ma haine des tyrans s'exhale dans un coin.
Qu'il me tarde, cordieu ! de secouer ma chaîne.

Nous croyons devoir appeler sur cette scène toute l'attention de M. le Ministre et la soumettre particulièrement à sa haute appréciation.

Le Gâteau des Reines, 5 actes, de M. Léon Gozlan. — Comédie-Française...

23 août 1854.

La commission d'examen, ayant pris connaissance des changements opérés par l'auteur dans la pièce *le Gâteau des Reines*, a reconnu que ces modifications ont eu pour effet d'atténuer la couleur de galanterie trop accusée d'un personnage, Mme de Prie, et l'importance dominante de ce rôle qui plaçait le duc de Bourbon dans une nullité ridicule.

Nous pensons que la pièce peut être mise en répétition, sous la réserve de quelques passages dont l'auteur a refusé de faire le sacrifice et notamment des passages suivants :

« Les femmes dévorent les mâles dans la maison d'Autriche.

« Cette poupée (l'infante d'Espagne).

« Toutes les couronnes sont les mêmes : couronne de France ou couronne du Japon ; couronne d'or ou couronne de laurier *; on ne les attend pas, on les prend.* »

Dans l'acte du couvent dont le fond a été admis par Son Excellence, nous pensons qu'il y a lieu de supprimer le mot de *couvent*, quand il est trop souvent répété, le mot de *sœur* trop prodigué, et toutes les épigrammes qui jettent du ridicule sur les religieuses.

La Pierre de Touche, 5 actes en prose, d'Émile Augier.

19 décembre 1853.

... Tels sont, en résumé, l'impression et l'effet qui nous paraissent devoir résulter de la représentation de cette pièce, surtout après le soin que nous avons mis à faire disparaître ou à modifier certaines formules, telles que :

La société est mal faite ; le riche, dans les desseins de Dieu, n'est que le trésorier du pauvre, et quelques mots comme : *l'insolence des riches*; *la protestation du déshérité*; *Dieu n'est pas juste*, etc., qui, par leur application, auraient pu éveiller les susceptibilités d'une partie des spectateurs.

Enfin voici le clou. Il s'agit d'un vaudeville en 1 acte intitulé : *les Deux Dîners*, pour le théâtre des Jeunes Élèves.

Le vieux Vincent et sa fille Pauline sont menacés, par leur propriétaire, de la saisie de leurs meubles et d'être mis à la rue faute de dix francs pour compléter leur terme.

. . . .

Nous avons fait remplacer le propriétaire par un usurier (*sic*) et, moyennant cette modification opérée sur les manuscrits, nous proposons l'autorisation.

Il est évident qu'on eût voulu représenter une pièce intitulée : *Bêtise ou Inconscience*, qu'avant de lire le manuscrit les censeurs n'auraient pas manqué de se trouver visés par le titre.

XXVI

La guerre.

On sait les causes qui ont déterminé la guerre entre la France et l'Allemagne. Le 9 juillet 1870, M. de Benedetti, ambassadeur de France à Berlin, se rendit à Ems où était Guillaume Ier, roi de Prusse, pour le prier, en sa qualité de chef de la famille des Hohenzollern, de ne pas donner son assentiment à la candidature du prince Léopold de Hohenzollern au trône d'Espagne qui lui était offert. A la suite de cette démarche, le prince Antoine de Hohenzollern retira la candidature de son fils Léopold. On rédigea aussitôt un rapport de ces faits qui fut envoyé par dépêche à Bismarck, alors ministre des Affaires étrangères de Prusse. C'est cette dépêche, dont Bismarck altéra le sens (1) en la faisant connaître aux journaux et par ceux-ci au gouvernement français, qui provoqua la guerre.

Ce fut là un prétexte, car les notes qui suivent prouveront que, depuis longtemps, la Prusse était à l'affût d'un moyen de querelle. La guerre était donc inévitable. Un autre prétexte que celui précité l'eût amené à toute force. Ceci prouve qu'on ne saura jamais assez se méfier de l'âme retorse de cette nation et que l'on fera bien de lui sourire toujours à travers une haie de canons et de baïonnettes.

Nous ne rééditerons pas ici l'historique de la guerre franco-allemande, nous ne nous occuperons que des à-côté curieux de cette période sanglante.

Citons, pour commencer, une lettre d'un officier clairvoyant, le général Ducrot, à son ami le général Trochu.

Cette lettre, qui date du 7 décembre 1866 et qui fut interceptée par le cabinet noir, lequel en prit une copie, est assez explicite en ce qui concerne les préparatifs des Prussiens.

(1) Il en fit l'aveu en 1892.

Puisque tu es en train de faire entendre de bonnes vérités aux illustres personnages qui t'entourent, ajoute donc ceci : Pendant que nous délibérons pompeusement et longuement sur ce qu'il conviendrait de faire pour avoir une armée, la Prusse se propose tout simplement et très activement d'envahir notre territoire. Elle sera en mesure de mettre en ligne 600.000 hommes et 1.200 bouches à feu avant que nous ayons songé à organiser les cadres indispensables pour mettre au feu 300.000 hommes et 600 bouches à feu.

De l'autre côté du Rhin, il n'est pas un Allemand qui ne croie à la guerre dans un avenir prochain. Les plus pacifiques qui, par leurs relations de famille ou par leurs intérêts, sont plus Français, considèrent la lutte comme inévitable et ne comprennent rien à notre inaction. Comme il faut chercher une cause à toutes choses, ils prétendent que notre Empereur est tombé en enfance.

A moins d'être aveugle, il n'est pas permis de douter que la guerre éclatera au premier jour. Avec notre stupide vanité, notre folle présomption, nous pouvons croire qu'il nous sera permis de choisir notre jour et notre heure, c'est-à-dire la fin de l'Exposition universelle, pour l'achèvement de notre organisation et de notre armement.

En vérité, je suis de ton avis et je commence à

croire que notre gouvernement est frappé de démence. Mais si Jupiter a décidé de le perdre, n'oublions pas que les destinées de notre patrie et que notre propre sort à tous est lié à ses destinées, et, puisque nous ne sommes pas encore atteints par cette funeste démence, faisons tous nos efforts pour arrêter cette pente fatale qui conduit droit à des précipices.

Voici un nouveau détail sur lequel j'appelle ton attention, parce qu'il est de nature à faire ouvrir les yeux les moins clairvoyants.

Depuis quelque temps, de nombreux agents prussiens parcourent nos départements de la frontière, particulièrement la partie comprise entre la Moselle et les Vosges; ils sondent l'esprit des populations, agissent sur les protestants qui sont nombreux dans ces contrées et sont beaucoup moins Français qu'on ne le croit généralement. Ce sont bien les fils et les petits-fils de ces mêmes hommes qui, en 1815, envoyaient de nombreuses députations au quartier général ennemi *pour demander que l'Alsace fît retour à la patrie allemande.* C'est un fait bon à noter, car il peut être avec raison considéré comme ayant pour but d'éclairer les plans et la campagne de l'ennemi. Les Prussiens ont procédé de la même façon en Bohême et en Silésie, trois mois avant l'ouverture des hostilités contre l'Autriche.

Une autre lettre du général Ducrot, trouvée dans les papiers du général Frossard, exprime nettement et cruellement la vérité sur la situation. Les conseillers de Napoléon ne pouvaient pas dire qu'ils manquaient de renseignements.

Strasbourg, 28 octobre 1868.

Mon cher général,

Je vous envoie le résumé de mes longues et intéressantes conversations avec M. de D...

... Vous me dites dans votre dernière lettre que vous avez lieu de penser que M. de D... se laisse quelque peu emporter par sa haine contre la Prusse. Non, non, ne croyez pas cela. M. de D... est un homme de soixante-six ans; il a un jugement trop sûr, une trop grande expérience des hommes et des choses pour se laisser aveugler par la passion; mais il a des oreilles pour entendre, des yeux pour voir et tout le bon sens nécessaire pour tirer de justes conclusions de tout ce qu'il voit et entend. De plus, il a assez de caractère pour ne pas se laisser aveugler par la peur, cette détestable conseillère qui a fait et fera faire encore tant de sottises...

Je viens de voir, il y a quelques instants, Mme la comtesse de Pourtalès qui arrive de Berlin. Jusqu'à ce jour, je l'avais toujours trouvée d'un optimisme qui m'irritait. Prussienne par son mari, elle était en admiration perpétuelle devant tous les actes de M. de Bismarck, du roi Guillaume et de tous ses Prussiens ; elle prétendait que rien ne pouvait motiver une guerre entre la France et la Prusse, que nous étions faits pour nous entendre et nous aimer. Bref, son langage était une variante poétique des discours Rouher et des circulaires La Valette. Or, voilà que cette adorable comtesse me déclare qu'elle revient de Berlin, la mort dans l'âme, que la guerre est inévitable, qu'elle ne peut manquer d'éclater au premier jour, que les Prussiens sont si bien préparés, si habilement dirigés qu'ils sont assurés du succès.

— Eh quoi, lui ai-je dit, vous embouchez la trompette de Bellone juste au moment où de tous les côtés l'on ne parle que des intentions pacifiques de nos bons voisins, de la salutaire terreur que nous leur inspirons, du désir de Bismarck d'éviter tout prétexte de conflits, *lorsque nous renvoyons tous nos soldats dans leurs foyers et qu'il est même question d'une réduction des cadres*, à tel point que je m'apprête à aller au premier jour planter mes choux en Nivernais.

— Oh! général, s'est-elle écriée, c'est ce qu'il y a d'affreux. Ces gens-là nous trompent indignement et *comptent bien nous surprendre désarmés*... Oui, le mot d'ordre est donné : en public, on parle de paix, du désir de vivre en bonnes relations avec nous; mais lorsque, dans l'intimité, l'on cause avec tous ces gens de l'entourage du roi, ils prennent un air narquois, vous disent : Est-ce que vous croyez à tout cela ? Ne voyez-vous pas que les événements marchent à grands pas, que rien désormais ne saurait conjurer le dénoûment ?... Ils se moquent indignement de notre gouvernement, de notre armée, de notre garde mobile, de nos ministres, de l'Empereur, de l'Impératrice, prétendent qu'avant peu la France sera une seconde Espagne! Enfin, croiriez-vous que le ministre de la maison du roi, M. de Schleinitz, a osé me dire qu'avant dix-huit mois notre Alsace serait à la Prusse ! Et si vous saviez quels énormes préparatifs se font de tous côtés, avec quelle ardeur ils travaillent pour transformer et fusionner les armées des États récemment annexés, quelle confiance dans tous les rangs de la société et de l'armée!... Oh! en vérité, général, je reviens navrée, pleine de trouble et de craintes. Oui, j'en suis certaine maintenant, rien, non, rien ne peut conjurer la guerre, et quelle guerre !...

Le général Ducrot finit sa lettre ainsi :

Pour faire pendant au propos de M. Schleinitz relatif à l'Alsace, je citerai un mot de M. le général de Moltke sur le même sujet. Ce grand général causait avec un Badois qui occupe une assez haute position dans son pays; ce personnage lui assurait que la population du grand-duché était généralement peu sympathique aux Prussiens et très opposée aux projets d'annexion. « En vérité, dit M. de Moltke, c'est incompréhensible, car ces gens-là devraient comprendre que leur avenir est entre nos mains, que bientôt nous pourrons leur faire ou beaucoup de bien ou beaucoup de mal, lorsque nous serons en mesure de disposer de l'Alsace, et cela ne saurait tarder; en la réunissant au grand-duché de Bade, nous pourrons former une superbe province comprise entre les Vosges et la Forêt-Noire, traversée dans toute sa longueur par un beau fleuve et, à coup sûr, aucun pays du monde ne se trouvera dans des conditions pareilles de bien-être et de prospérité... » Et vous voulez qu'en présence de pareilles rodomontades, de si insolentes prétentions trop hautement affirmées, je reste calme et patient! En vérité, il ne faudrait pas avoir dans les veines une goutte de vieux sang gaulois! Je l'avoue donc, je vis dans un état permanent d'exaspération; j'éprouve la rage que doit ressentir un homme qui, voulant sauver un noyé, rencontre une résistance volontaire et se sent prêt à sombrer avec celui qu'il veut sauver..

Croyez, mon général, etc.

DUCROT.

P.-S. — Un mot pour terminer, qui peint assez bien la situation ; il est d'un diplomate fort bien en cour et certainement en position d'être parfaitement informé : « En vérité, écrivait dernièrement le prince de M..., l'on dirait que nous marchons avec des jambes en coton sur des œufs, comme si nous avions peur de les casser. »

Troisième lettre du général Ducrot, aussi convaincante que les autres sur les préparatifs de la Prusse au mois de janvier 1869. Comme la précédente, elle est adressée au général Frossard.

Mon cher général,

Je viens de voir le commandant Schenck, qui m'a apporté de vos nouvelles et m'a dit que vous l'aviez entretenu de certains faits qui se passeraient en ce moment à Mayence et Rastadt, et seraient assez significatifs.

Les mêmes renseignements me sont parvenus à Strasbourg par des bruits qui circulent dans la ville et à l'origine desquels il m'a été impossible de remonter. Les Prussiens, dit-on, font couper les arbres sur les glacis de Mayence et de Rastadt ; dans le grand-duché de Bade, l'on met en réquisition les médecins et vétérinaires en état de marcher, et l'on en fait la répartition, comme auxiliaires, entre les différents corps de troupes.

N'ayant plus la possibilité d'envoyer des officiers à l'étranger, j'ai dû chercher un moyen détourné pour vérifier l'exactitude de ces renseignements, et je me suis adressé à un M. de Gaston, ancien sous-officier français fixé à Landau depuis quelques années et qui, ayant fréquemment occasion d'aller à Mayence et dans le duché de Bade, a bien voulu se charger de prendre *de visu* tous les renseignements utiles.

Quant à l'affaire des médecins et vétérinaires, M. de Gaston m'a cité un fait qui paraît concluant. Il y a aujourd'hui quinze jours, son vétérinaire, qui habite Mannheim, a reçu une commission de vétérinaire de première classe pour un corps de troupes (M. de Gaston n'a pu se rappeler lequel) avec injonction de se tenir prêt à rejoindre au premier ordre.

Il est vraiment fâcheux que nous n'ayons aucun moyen de surveiller ce qui se fait ou se prépare chez nos trop actifs voisins. Ne serait-il pas indispensable d'organiser dès à présent un service d'espionnage militaire, qui mettrait à notre disposition un certain nombre d'agents chargés de nous tenir au courant des moindres incidents présentant quelque signification et qui, le jour où la guerre éclaterait, pourraient nous rendre d'incalculables services. Ce n'est pas au moment où les relations seront interrompues qu'il sera possible d'organiser ce service, il faut du temps et beaucoup d'adresse pour le monter convenablement. Je livre ces réflexions à votre appréciation.

Croyez, etc.

DUCROT.

Voici une lettre de novembre 1868 qui nous présente Bismarck désireux qu'une entrevue ait lieu entre Napoléon III et Guillaume dans le but d'aplanir les difficultés qui surgissaient entre la France et la Prusse. Vers la même époque, M. de Moltke, major général de l'armée prussienne, étudiait, et cela depuis le printemps de la même année, le champ possible de batailles futures, ainsi qu'en fait foi le télégramme suivant signé capitaine Samuel, adressé au ministère de la Guerre à Paris :

Depuis lundi, je suis le général de Moltke qui visite la frontière de France et étudie les positions. Lundi, je l'ai rejoint à Mayence. Mardi, il s'est arrêté à Birkenfeld et a pris des notes sur la hauteur près des ruines du vieux château ; il a couché le même jour à Sarrebruck ; il y a pris des dispositions de défense à la gare et au canal. Hier, il était à Sarrelouis, où il se trouve encore. Ce matin, malgré le mauvais temps, il est sorti en voiture pour visiter les hauteurs environnantes de Vaudevange, de Berus. Je suppose, d'après les informations, qu'il se rendra ce soir ou demain à Trèves et qu'il descendra la Moselle. Faut-il continuer à le suivre ? Adressez la réponse au bureau télégraphique de Forbach.

Et maintenant la lettre dont il est parlé ci-dessus, adressée de Berlin par le lieutenant-colonel de Stoffel à Piétri :

Mon cher Piétri,

Cette lettre suivra un singulier chemin avant de vous parvenir, car je la remets au courrier anglais; elle aura donc l'honneur de passer par Bruxelles et Londres, et vous sera remise par notre ministre des Affaires étrangères...

Je vous disais, dans ma dernière lettre, que j'avais d'assez curieux détails à vous donner. Voici la chose. M. Bleichrœder est un banquier important de Berlin, correspondant de Rothschild et homme d'affaires de Bismarck, qui, parti de bas, est parvenu, à force de constance et de sens pratique, à se faire une position considérable. C'est le seul juif que

Bismarck reçoive familièrement, le seul chez qui il consente à dîner...

Chose à noter dans l'histoire des gouvernements prussiens qui se sont succédé depuis cent ans, ils ont presque tous employé un juif comme instrument plus ou moins occulte...

Or donc M. B..., après avoir passé huit jours à Varzin chez Bismarck, est venu me trouver dernièrement... Il eut soin, comme préambule, de me demander le secret le plus absolu sur notre conversation et me raconta ensuite ses derniers entretiens avec Bismarck et les dispositions où il avait trouvé celui-ci. « Le ministre, me dit M. B., désire la paix plus ardemment que jamais ; il fera tout son possible pour la conserver ; il est d'autant plus sincère (*sic*) en s'exprimant ainsi qu'il explique lui-même pourquoi le Nord ne peut ni ne doit désirer aujourd'hui l'annexion des États du Sud ; que l'unité de l'Allemagne se fera tout naturellement d'elle-même tôt ou tard, et que sa mission, à lui Bismarck n'est pas d'en hâter le moment... De tous côtés, on se demande s'il n'existe aucun moyen de rassurer les esprits en Europe et de faire cesser cette affligeante stagnation des affaires. Une entrevue de l'Empereur avec le roi Guillaume serait regardée par beaucoup de gens comme le moyen le plus efficace d'atteindre ces résultats. Il en a été question à

Varzin, et les personnes de l'entourage de Bismarck cherchent à connaître son avis sur la possibilité d'une telle entrevue. Ses intimes m'ont dit qu'il serait enchanté qu'elle pût avoir lieu; mais il ne dissimule pas que, pour y amener l'Empereur, il serait nécessaire que lui (Bismarck) et le roi s'engageassent à donner des garanties sérieuses nettement exprimées, celles de ne rien entreprendre en vue d'arriver à une union avec le Sud. » En fin de compte, M. Bleichrœder m'a demandé ce que je pensais des dispositions de l'Empereur à accepter ou à refuser une entrevue avec de telles garanties données.

... Il est incontestable pour moi que l'idée d'une entrevue s'élabore en ce moment-ci.

Je dois ajouter un détail qui me donne à croire que Bismarck songerait réellement à la possibilité d'une entrevue, c'est que Bleichrœder m'a dit devoir se rendre à Paris fin décembre et m'a demandé de lui remettre une lettre pour vous. Il m'a donné à entendre qu'il songeait à solliciter une audience de l'Empereur. Vous le voyez donc, de deux choses l'une : ou Bismarck désire sonder le terrain jusque dans l'intérieur des Tuileries avant de rien entreprendre d'officiel, ou son juif est entraîné par la rage de jouer un rôle politique.

Soit dit pour terminer, si je vous ai entretenu de

tout ceci, c'est dans le seul but de vous prévenir au cas où vous apprendriez que des efforts sont tentés pour solliciter de l'Empereur une entrevue avec le roi. Peut-être verrez-vous aussi dans ces faits la preuve du désir de Bismarck, sincère ou non, de conserver la paix et d'éviter tout prétexte à conflit.

L'état de l'opinion publique en Prusse est toujours le même : défiance ou animosité générale contre la France. Regardez cela comme certain. D'ailleurs vous en comprendrez facilement les causes si simples :

Premier fait incontesté. — La Prusse aspire à réunir toute l'Allemagne.

Deuxième fait incontestable. — Quel obstacle voit la Prusse à la réalisation de ce désir? La France, la France seule.

Conséquence forcée. — Nous sommes suspects à toute la nation prussienne : certains partis nous détestent, tous se défient de nous, et les moins passionnés nous regardent au moins comme gênants et éprouvent à notre endroit les sentiments qui animent un homme contre un autre homme qui l'incommode incessamment. De là cet état général de l'opinion, que je résume par ces mots : animosité ou défiance, ou irritation contre la France...

DE STOFFEL.

Rappelons, pour en finir *avec ces préliminaires*, les paroles que Bismarck prononça à Biarritz, après avoir eu un entretien avec Napoléon III :

Je m'en vais, j'en ai assez, l'Empereur ne veut pas comprendre. A nous deux pourtant, nous aurions pu manger l'Europe. J'ai tout fait pour l'amener à être notre allié, il ne veut rien entendre. Quand il a parlé, il n'a prononcé que des mots vagues de gloire, d'humanité, de fraternité des peuples, des sornettes, quoi! Eh bien, il faudra que l'un de nos deux peuples soit mangé, mais ce ne sera pas le mien. Il n'y a rien à faire avec l'Empereur. D'ailleurs, du plus grand au plus petit en France, personne ne possède le sens pratique des choses...

Donc les événements rappelés au commencement de ce chapitre se produisent. Bismarck, en dogue furieux, trouve, par un moyen abominable, l'occasion souhaitée de lancer les deux peuples l'un contre l'autre. A Paris, on crie : « à Berlin » sur l'air des lampions. Le maréchal Lebœuf, appelé devant le Corps législatif, affirme en bon benêt que le pays est prêt à la lutte et que celle-ci, dût-elle durer deux ans, *il ne manquerait pas un bouton de guêtre.*

Conti envoie, du Corps législatif, à Sa Majesté qui se trouve à Saint-Cloud, ce télégramme datant du 6 juillet, 3 heures du soir :

La déclaration du ministre des Affaires étrangères, très habile, très nette et très ferme, a excité le plus vif enthousiasme au Corps législatif.

D'un autre côté, l'Empereur reçoit cette dépêche de Persigny :

Recevez mes félicitations les plus ardentes; la France entière vous suivra, l'enthousiasme est unanime.

Les hostilités vont commencer.

Napoléon s'inquiète surtout, à son entrée en campagne, des soins matériels à donner à sa maison particulière et à sa table.

Voici ce qu'on trouve dans la note sur le service de MM. les aides de camp et officiers d'ordonnance auprès de l'Empereur :

... Il y aura toujours deux tables, soit au bivouac, soit pendant les séjours, afin de laisser à l'Empereur le soin de faire des invitations en plus ou moins grand nombre...

Les hostilités sont commencées.

L'Empereur envoie de Metz, le 30 juillet, un télégramme à l'Impératrice :

Louis va très bien. Il a dormi seize heures de suite. Je viens de recevoir ta lettre du 29 et la copie de l'autre. L'intention est bonne, mais je voudrais des actes. — T'embrassons tendrement.

Le même jour, dans la soirée, il adresse à son auguste épouse un autre télégramme de Metz :

Envoie-moi un bracelet pour la préfète. Je voudrais que quelqu'un me fît tous les deux jours l'analyse de l'analyse. Je vais très bien, mais fatigué par la chaleur. Nous t'embrassons tendrement.

Le lendemain, c'est l'Impératrice qui dépêche au Prince Impérial à Metz :

La petite Malakoff a encore trouvé deux trèfles à quatre feuilles. Je te les enverrai. Nous t'embrassons tous.

EUGÉNIE.

O candeur !

Or, il paraît que, malgré ses frivoles occupations, l'Impératrice met son nez dans les affaires qui ne la regardent pas et se mêle, pendant l'absence de son époux, de l'avancement dans l'armée. Mais aussi l'Empereur y met le holà. Voici sa dépêche au ministre de la Guerre :

Metz, 1er août 1870.

L'Impératrice n'avait pas le droit de nommer un général à l'armée. La nomination du général Grandchamp doit être annulée.

NAPOLÉON.

L'Impératrice ne s'émeut pas, et elle donne quelques jours plus tard son opinion sur la situation.

A l'Empereur. — Quartier Impérial.

Paris, 7 août 1870.

Je suis très satisfaite des résolutions prises au Conseil des ministres et je suis persuadée que *nous* mènerons les Prussiens l'épée dans les reins jusqu'à la frontière.

Courage donc! avec de l'énergie, *nous* dominerons la situation. *Je réponds de Paris* et je vous embrasse de tout cœur tous les deux.

EUGÉNIE.

Cependant, malgré tout le désir de vaincre,

voici un télégramme qui prouve que l'organisation de l'intendance laisse fortement à désirer :

Maréchal Canrobert à Guerre, Paris.

Camp de Châlons, 10 août 1870.

Votre Excellence n'ignore pas que beaucoup d'isolés, malades ou blessés, sont dirigés sur le camp de Châlons. Je continue à n'avoir ni marmites, ni gamelles, et ils sont dépourvus de tout. Mon devoir est de vous en informer. Nous n'avons ni sac de couchage, ni assez de chemises, ni assez de chaussures.

Maréchal CANROBERT.

Puis cet autre télégramme du Commandant supérieur de Langres au ministre de la Guerre à Paris :

14 août 1870.

Nous n'avons ici ni bidons, ni gamelles pour faire manger la soupe à la garde nationale mobile qui se réunit à Langres...

Et ce troisième du Préfet du Bas-Rhin :

Je manque d'argent pour faire soigner et nourrir nos blessés dans les villages où ils ont été recueillis...

Et celui-ci du Préfet des Vosges :

Nous avons à Épinal, depuis douze jours. 4.000 gardes mobiles sans armes, mal payés, qui deviennent une cause d'inquiétude pour la population... Pas d'argent à la recette nationale.

Et cet autre du Commandant supérieur de Langres :

Nous n'avons que 400 fusils, modèle 1842 transformé, se chargeant par la culasse. Il nous arrive environ 6.000 gardes mobiles; envoyer des armes de suite.

De partout, les demandes affluent.

C'est de Lyon la dépêche suivante :

Nos populations frémissantes demandent des armes; la garde mobile n'a pas encore un fusil...

De Chaumont :

On s'étonne que la garde nationale mobile du département de la Haute-Marne ne soit pas encore convoquée.

De La Fère :

Depuis hier, plusieurs préfets s'adressent à moi

pour avoir des fusils à livrer à la garde nationale sédentaire; que faut-il faire?

Cependant Émile Ollivier, lui, est bien tranquille sur le sort de l'Empire. Il télégraphie à l'Empereur :

L'état de l'opinion publique est excellent. A la stupéfaction, à une immense douleur ont succédé la confiance et l'élan. Le parti révolutionnaire lui-même est entraîné dans le mouvement général. Un ou deux misérables ayant crié: « Vive la République » ont été saisis par la population elle-même.

L'Impératrice est très bien de santé; elle nous donne à tous l'exemple du courage, de la fermeté et de la hauteur d'âme...

Le Préfet du Bas-Rhin dépêche de Strasbourg à l'Impératrice :

9 août 1870.

La situation de l'Alsace empire à chaque heure. Les protestants donnent la main aux Prussiens. La défense de Strasbourg est impossible avec quelques centaines d'hommes. Je supplie Votre Majesté de nous envoyer des renforts, qui rétabliraient la confiance et détruiraient les menées prussiennes.

Le Prince Impérial cherche à rassurer sa mère. Il lui dépêche d'Étain, le 16 août 1870 :

Ma chère maman.

Je vais très bien ainsi que papa; tout va de mieux en mieux.

Vers cette époque, il faut croire que la mère de l'Impératrice manifeste le désir de venir rejoindre sa fille à Paris, car Eugénie lui répond sèchement :

Ne venez pas. Vous ne pourriez que compliquer les affaires.

Ici commence le gâchis.

M. Rouher, ex-président du Sénat, se rend à Reims auprès de Napoléon. Là on rédige les projets de décrets et de proclamation ci-dessous. Mais ce plan est abandonné et on prend le parti de marcher sur les Ardennes, grande étape du désastre.

A l'heure où Napoléon signait le décret qui suit, lequel date du 21 août 1870, le ministre déclarait hautement que l'Empereur, qui avait perdu la confiance de tous, ne commandait plus; or le 31 août l'Empereur commandait encore et envoyait au général Vinoy la dépêche suivante de Sedan :

J'ai vu votre aide de camp. Les Prussiens s'avancent en force. Concentrez toutes vos troupes dans Mézières.

NAPOLÉON.

Voici le projet de décret nommant Mac-Mahon général en chef de l'armée de Châlons :

Napoléon, par la grâce de Dieu et la volonté nationale, Empereur des Français.

A tous présents et à venir, salut;

Avons décrété et décrétons ce qui suit :

Article Premier.

Le maréchal Mac-Mahon, duc de Magenta, est nommé général en chef de toutes les forces militaires composant l'armée de Châlons et de toute celles qui sont ou seront réunies sous les murs de Paris ou dans la capitale.

Notre ministre de la Guerre est chargé de l'exécution du présent décret.

Fait à Reims, le 21 août 1870.

NAPOLÉON.

L'Empereur devait écrire une lettre au maréchal Mac-Mahon. Cette lettre avait été rédigée de la main de M. Rouher :

Maréchal,

Nos communications avec le maréchal Bazaine sont interrompues. Les circonstances deviennent difficiles et graves. Je fais appel à votre patriotisme et à votre dévouement, et je vous confère le commandement général de l'armée de Châlons et des troupes qui se réuniront autour de la capitale et dans Paris.

Vous aurez, Maréchal, la plus grande gloire, celle de combattre et de repousser l'invasion étrangère.

Pour moi, qu'aucune préoccupation politique ne domine autre que celle du salut de la patrie, je veux *être votre premier soldat*, combattre et vaincre, ou mourir à côté de vous, au milieu de mes soldats.

NAPOLÉON III.

Voici quelle devait être la proclamation de Mac-Mahon en réponse de celle de l'Empereur :

Soldats,

L'Empereur me confie les fonctions de général en chef de toutes les forces militaires qui, avec l'armée de Châlons, se réuniront autour de Paris et dans la capitale. Mon désir le plus ardent était de me porter au secours du maréchal Bazaine, mais cette entreprise était impossible. Nous ne pouvions nous rapprocher de Metz avant plusieurs jours; d'ici à cette époque, le maréchal Bazaine aura sans doute brisé les obstacles qui l'arrêtent; d'ailleurs, pendant notre marche directe sur Metz, Paris restait découvert, et une armée prussienne nombreuse pouvait arriver sous ses murs. *Après les revers qu'elle avait subis sous le premier Empire, la Prusse a créé une organisation militaire qui lui permet d'armer rapidement son peuple et de mettre en quelques jours sous les armes sa population entière; elle dispose donc de forces considérables. Les fortifications de Paris arrêteront le flot ennemi, elles nous donneront le temps et les moyens* (1)...

Le système des Prussiens consiste à concentrer leurs forces et à agir par grandes masses.

Nous devons imiter leur tactique; je vais vous conduire sous les murs de Paris qui forment le boulevard de la France contre l'ennemi.

Sous peu de jours, l'armée de Châlons sera doublée. Les anciens soldats de vingt-cinq à trente-cinq ans rejoignent de toutes parts. L'ardeur nationale

(1) Cette phrase en italique qui s'arrête là, faisait partie de la rédaction de la première proclamation du maréchal, proclamation écrite de la main de M. Rouher, elle a été biffée. Elle était d'ailleurs un chef-d'œuvre d'inconséquence.

est immense; toutes les forces de la Patrie sont debout.

J'accepte avec confiance le commandement que l'Empereur me confère.

Soldats, je compte sur votre patriotisme, sur votre valeur; j'ai l'espoir de vaincre et j'ai la conviction qu'avec de la persévérance et du temps, nous vaincrons l'ennemi et le chasserons de notre territoire.

Le 30 août on télégraphie d'Évreux :

Ici, près de Paris, la mobile n'a pas un fusil. Son esprit est excellent, mais elle demande des armes; il est inouï qu'elle n'en ait pas. Le commandant part pour Paris. Absolument nécessaire qu'il en rapporte ce soir.

On a retrouvé dans les papiers des Tuileries une dépêche déchirée et qui a été reconstituée. Elle prouve que Napoléon III, après ses deux premières défaites, avait eu l'idée de revenir à Paris. Ladite dépêche est de l'Impératrice. Elle est ainsi libellée:

Je reçois une dépêche de Piétri. Avez-vous réfléchi à toutes les conséquences qu'amènerait votre rentrée à Paris sous le coup de deux revers? Pour moi, je n'ose prendre la responsabilité d'un conseil. Si vous vous y décidez, il faudrait au moins que la mesure fût présentée au pays comme provisoire : l'Empereur revenant à Paris réorganiser la deuxième armée et confiant le commandement en chef de l'armée du Rhin à Bazaine.

Enfin, c'est l'agonie de l'Empire.

Voici les derniers râles qui viennent de l'Est :

Schlestadt, 30 août 1870, 7 h. du matin

Cette nuit, rien aperçu du côté Strasbourg, à peine quelques feux. On dit que évêque a demandé et obtenu suspension armes pour enterrer morts.

Même ville, même date, 10 h. du matin.

Général Uhrich au ministre de la guerre.

Bombardement constant depuis six jours. Incendies et décombres. Dans Strasbourg, nombreuse population sans domicile et sans vivres ; situation devient inquiétante. Cathédrale très endommagée. Citadelle entièrement brûlée ; travaux d'approche commencés. Le régiment formé avec les débris de Frœschwiller très démoralisé. Situation très grave !

Général Uhrich à guerre.

Schlestadt, 1er septembre 1870.

Continuation de bombardement nuit et jour. Incendie, démolitions, 40 à 50 soldats tués ou blessés chaque jour. Parmi les habitants, grande misère dans les basses classes. Santé publique commence à s'altérer. Nous tiendrons.

Puis ce dernier cri de détresse de :

Sainte-Marie, 3 septembre 1870.

Maire à Guerre.

Dans quelques jours, Strasbourg ne sera plus qu'un monceau de ruines. Schlestadt, qui vient d'être investi, subira sans doute le même sort. N'avons-nous donc personne pour venir au secours de notre malheureuse Alsace ?

Et enfin, le coup de grâce :

Mme la comtesse de Montijo. — Madrid.

Paris, 4 septembre.

Le général Wimpffen, qui avait pris le commandement, après la blessure de Mac-Mahon, a capitulé et l'Empereur a été fait prisonnier. Seul, sans commandement, il a subi ce qu'il ne pouvait empêcher. Toute la journée, il a été au feu. Du courage, chère mère ; si la France veut se défendre, elle le peut. Je ferai mon devoir. Ta malheureuse fille.

EUGÉNIE.

XXVII

Pendant la guerre. — Les Tuileries abandonnées. — La fuite de l'Impératrice. — Émule de Marie-Antoinette.

Le 3 septembre, les nouvelles du théâtre de la guerre étant devenues de plus en plus alarmantes, le peuple longea les Tuileries en conspuant l'Empereur.

C'est alors que le général Lepic, resté près de la souveraine, songea à renforcer les troupes qui gardaient les Tuileries.

Le lendemain, après une nuit pleine d'appréhensions, l'Impératrice fut prévenue que la République avait été proclamée.

Vers trois heures de l'après-midi, le peuple furieux envahit les jardins. Ce fut alors dans le palais un sauve-qui-peut général. L'Impératrice et quelques-unes de ses amies, qui n'avaient pas voulu l'abandonner, s'enfuirent épouvantées.

Craignant d'être reconnue par les passants, l'Impératrice, qui se trouvait devant l'église Saint-Germain-l'Auxerrois, héla un fiacre et se fit conduire chez une amie. Celle-ci étant absente, l'Impératrice songea alors à son dentiste, qui lui donna l'hospitalité et qui, le lendemain, prépara sa fuite à l'étranger. Ce dentiste, nommé Evans, mit à sa disposition un coupé de quatre places attelé de deux chevaux.

Malheureusement, en cours de route, cette voiture luxueuse attira l'attention des passants. Plusieurs fois, l'Impératrice fut reconnue et ne dut son salut qu'à la présence d'esprit du cocher.

Aux environs d'Évreux, elle dut changer de voiture et monter dans une vieille patache dont le loueur demanda une jolie somme pour la conduire jusqu'à Trouville, où un petit bateau de plaisance affrété à la hâte fit traverser la Manche à la souveraine déchue.

Telles furent les lamentables circonstances de cette fuite, qui rappelait un peu celle de la famille royale sur la route de Varennes. Mais, plus heureuse que Marie-Antoinette, l'Impératrice, si elle fut arrêtée un moment à Évreux, dut à la magnanimité du maire d'avoir la vie sauve au milieu de la population surexcitée.

Quant à Napoléon III, fait prisonnier comme on sait, il fut dirigé sur Cassel et emprisonné au château de Wilhemshœhe.

Le lendemain de son incarcération, les domestiques furent effrayés du désordre de sa couche. Quel terrible combat s'était livré la nuit entre l'ex-monarque et sa conscience ? Les draps étaient déchirés, les matelas ouverts, les couvertures en lambeaux. On a dit que Napoléon avait été en proie à un terrible accès de fièvre provoqué par des douleurs néphrétiques intolérables. En tout cas, il souffrit sans se plaindre et ne demanda ni aide, ni secours.

Ah ! comme elle était loin la petite chambre bleue de Compiègne, comme il était loin le bon temps où l'Empereur caressait des projets d'annexion de la Belgique, et où, joyeux, il écrivait à l'Impératrice en voyage dans la Haute-Égypte : « Tu as vu les Pyramides et les quarante siècles t'ont contemplée! »

TABLE DES MATIÈRES

Pages.

3229. — Tours, imprimerie E. Arrault et Cie.

www.ingramcontent.com/pod-product-compliance
Ingram Content Group UK Ltd.
Pitfield, Milton Keynes, MK11 3LW, UK
UKHW022011170726
13837UKWH00001B/116